KB141686

사춘기 독서 교실

책과 멀어진 아이들과 함께 하는 즐거운 독서 모임

사춘기
독서교실

심경화 지음

도서
출판 프리뷰

사랑문을 여는 기쁨

사랑문(舍廊門)은 사랑채나 사랑방으로 드나드는 문이다. 옛 사람들은 손님을 맞이할 모든 준비를 마치고 나면 이 문을 살짝 열어두고 그 누군가가 오기를 기다렸다. 나는 사랑문이라는 이름도 예쁘지만 이 오래된 단어에서 느껴지는 따뜻함이 더 마음에 든다. 특히 힘든 시간을 보내고 있을 때는 사랑채와 그곳으로 들어가는 사랑문에 더 의지하게 되는데, 그곳이 품고 있는 너그러움을 믿기 때문일 것이다. 나는 지금도 마음속 한구석에 자리 잡은 사랑채를 찾기도 하고, 누군가를 만나기 위해서 문을 열어 놓는다. 정성스럽게.

나는 복을 많이 받아서 지금까지 줄곧 아이들 곁에서 지낼 수 있었다. 오랜 시간 중학교 교사로 살면서 수많은 학생들과 만났다. 앞으로도 그럴 것이다. 그리고 나와 살을 맞댄 세 명의 아이가 있어서, 그 아이들이 태어날 때부터 사춘기를 겪는 지금까지 함께 지내고 있다. 나를 믿어주고, 응원해 주는 사람들이다.

최근 몇 년 동안 나는 그들을 나의 '사랑채'로 자주 초대했다.

학교와 집에서 나와 이렇게 만나고 있다. 그 아이들과 시간을 함께하면서 신기하게도 내 마음은 점점 더 평온해졌다. 나이로 치면 내가 제일 많지만, 이 사랑채 모임에서 우리는 모두 친구이다. 책을 가지고 만나는 친구이다. 아이들이 책을 읽고 나서 마음에 드는 구절을 이야기할 때 나는 그 아이들의 어른이 아니다. 그 아이들을 감독하고 점수를 매기는 평가자가 아니다. 그냥 공감하며 아이들의 말을 들어주는 청중의 한 사람일 뿐이다.

종종 아이들의 입에서 나온 말이라고 믿기 어려울 정도로 굉장히 매력적인 말들이 쏟아져 나온다. 그 아이들의 생각을 따라잡을 수 없을 것 같다는 걱정이 들 때도 있다. 나는 그렇게 해서 아이들과 공평하게 마음을 나눌 수 있었다. 그런 사실을 알게 된 나는 아이들과 함께 그 사랑채에 있을 때가 너무도 행복하다.

최근에 독서 모임에서 만난 한 아이가 첫 시간에 이렇게 자신을 소개했다. "중2가 되면서 해야 할 일이 많아졌고. 이젠 여유가 없어서……" 여기까지 들었을 땐 '독서 모임에 가입하겠다고 신청서를 냈을 때와는 달리 너무 바쁘고 여유가 없어서 잘못 생각한 것 같다. 죄송하다. 이제 나오기 어렵겠다.'고 말할 줄 알았다. 그런데 이어지는 이야기에서 나는 무너지고 말았다.

"그래서 토요일 아침에 이렇게 오고 싶었어요. 잠깐이라도 숨을 쉴 수 있잖아요." 그렇게 말하는 아이는 처음이었다. 그 말을 들었을 때 나는 당황스러움과 기쁨이 한꺼번에 몰려와서 몸과 마음이 다 떨렸다. 그리고 서서히 그 아이가 책과 함께 지낸 시간들이 보이기 시작했다. 평온했을 시간, 책을 덮고 나서 만족과 아쉬움에 책을 쉽게 내려놓지 못했을 그 시간들이 내게 전해졌다. 사랑문을 살짝 열어둔 덕분에 반가운 손님이 이렇게 찾아온 것이다.

그러나 대부분의 아이들에게는 책보다 친구를 만나러 오는 기쁨이 더 크다. 적어도 나의 자식들은 그랬다. 아이들은 책을 핑계로 학교 밖에서 친구랑 놀 수 있어서 좋았다. 학교가 끝나면 집에 와서 매일같이 해야 하는 공부 더미를 잠시 잊고 친구를 집으로 초대하거나 친구의 집으로 간다는 사실 만으로도 '그까짓 책 읽는 것쯤이야' 감내할 수 있다는 식이었다. 친구와 만나서 노는 즐거움으로 들떠 있는 아이들에게 나는 책을 읽어보자고 했다. 마음이 즐거우니 아이들은 뭘 하자고 해도 괜찮다고 한다. 처음에는 그림책으로 시작해서 읽고, 편지도 쓰자고 했고, ○X 퀴즈도 만들자고 했다. 이 방법들은 그다지 지루하거나 어렵지 않아서 미술 시간 같기도 하고, 놀이하는 기분도 들었다. 『연남천 풀다발』 『행복한 여우』 『가드를 올리고』 『탄 빵』 같은 그림책이 그때 만난 책들이다. 습관처럼 주제를 정하고, 수업 목표와 방법을 계획했지만 내가 의도한 대로 흘러가지는 않았다. 그래도 좋았다. 때로는 엉뚱한 방향으로 빗나가기도 하고, 망쳤다는 기분이 들 때도 있었다. 하지만 그렇다고 힘이 빠지지는 않았다. 어차피 처음부터 읽고 문제 풀이를 할 마음도 없었고, 논술을 해야겠다고 작정한 것도 아니었기 때문이다. 느긋하게 아이들과 책이 만나기를 기다렸다.

그림책을 여러 권 읽으면서 아이들 마음에 공간이 생겼다. 그래서 사춘기를 겪고 있는 또래가 주인공으로 등장하는 작품을 내밀었다. 「춘기야」를 시작으로 「수」를 읽고, 「난 내가 마음에 들어」를 읽자고 했다. 이 작품들을 읽고 등장인물의 감정과 욕구를 살피기 시작했다. 기분이 안 좋을 때면 '짜증나!' 한 마디로 끝내버리는 아이들을 잡고, 우리 안에 다양한 감정과 욕구가 들어 있다는 사실을 발견하고 표현하도록 했다. 엘리자베스 퀴블러 로스(Elizabeth Kübler-Ross)는 『인생 수업』에서 '배움을 얻는다는 것은 세상을 더 깊이 이해하고 자기 자신과 더 평화롭게 지내는 것을 의미한다.'고 했다. 아이들이 있는 그대로의 '나'를 발견하고 받아들여 주기를 기다렸다.

이 책은 우리가 함께한 시간에 대한 이야기이다. 사랑채를 만들고 사랑의 문을 열고자 했던 나와 사랑에서 만난 아이들에 대한 이야기이다. 모임에 참여한 아이들이 자신만의 아름다운 색깔을 지닐 수 있도록 돕고자 했던 이야기이다. 그들이 자신의 진로를 꿈꾸기 시작할 때 나는 다양한 인생을 살았던 책 속 주인공들을 데리고 와서 아이들에게 보여주었다. 아이들이 그 주인공들과 함께 수많은 질문과 대답을 찾아가던 그 오랜 시간의 이야기들을 모았다.

어느덧 우리는 이만큼 걸어왔다. 이 길은 아직 끝나지 않았고, 그래서 우리는 계속 걷는다. 새로운 길 위에서 무엇을 만날지 기대된다. 다행인 것은 원하는 것을 만나든 그렇지 않든 우리에게 힘이 생길 것이라는 것이다. 전혀 모르는 사람이 남겨 놓은 삶의 발자국 같은 문장들이 우리 마음을 계속 울릴 것이다. 인연이 없는 낱낱의 글자가 모여 세상을 이룬 것처럼 삶의 조각들이 흩어지지 않고 결국은 멋진 삶으로 남겨질 것이다.

사랑문을 열고 들어온 아이들 덕분에 나의 보물상자에 반짝이는 책들이 하나씩 쌓여가고 있다. 이 책들이 더욱 빛나도록 이 작업을 지지하고 도와주신 분들, 그리고 첫 독서 모임 멤버인 재혁, 온유, 서연, 근원이에게 감사와 축하의 마음을 전한다. 그리고 언제 봐도 사랑스러운 재웅이와 재령이, 그리고 재아에게도 고마움을 전하고 싶다.

이 책에 기록한 독서 모임, 책, 그리고 결과물이 더 많은 곳에서 더 많은 아이들과 만나기를 바란다. 또 어디선가 아버지가 아들을 위해, 할머니가 손녀를 위해, 선생님이 학생들을 위해 청소년 독서 모임을 즐겁게 하고 있다면, 서로 친구가 되어 보물 같은 작품들을 찾아서 나누고 싶은 열망도 있다.

삶에 좀 더 가까이 다가가 평화롭게 나를, 너를, 우리를 만날 수 있기를 기대하며, 우리가 만든 보물을 함께 나누어 보려고 한다.

심 경 화

PART 1

사춘기 독서는
달라야 한다

제1장

사춘기 독서 모임을
시작한 이유

아이의 사춘기가 시작되었다

"엄마, 나 요즘 사춘기인 거 같아. 기분이 좋았다가 금방 나빠지고, 잘 조절이 안 돼."

아이가 자신의 사춘기를 이렇게 공식적으로 선언했다. 오늘은 좀 힘들었는지, 뭔가 도움을 바라는 눈치다. 그런데 나도 혼란스럽다. 갑자기 사춘기라는 새로운 시간으로 달려 들어가는 아이를 지켜보며 반가움보다 걱정이 앞선다.

아이의 사춘기는 초등학교 5학년 때쯤 시작된 것 같다. '지금부터 사춘기 시작!'이라는 출발 신호가 없었으니 나는 어린아이 대하듯 늘 아이의 뒤를 쫓아다녔다. 이것저것 속속들이 챙겨주어야 마음이 편했다. 그런데 어느 순간부터 사춘기 신호를 알아채지 못하는 엄마가 답답했는지 아이가 슬금슬금 나를 피하기 시작했다. 집 안에서도 혼자 있는 시간이 길어졌다. 아이 얼굴 보기가

힘들어질 때에서야 사춘기 생각이 났다. '올 것이 왔구나.'

언제까지나 때 묻지 않은 천사 같은 아들이기를 기대했던 나는 막막했다. 정상적으로 거치는 성장의 과정이라는 것을 알면서도 우리 아이만큼은 티 안 나게 지나가기를 바랐다. 하지만 아이의 목소리는 점점 굵어졌고, 얼굴에 하나둘 사춘기 열매들이 생겨났다.

아이가 5학년이었던 작년 5월. 학교에서 행복 놀이 축제를 열었다. 쉽게 말하면 체육대회다. 아이들은 청팀이나 백팀이 되어 경기에 참가했다. 학부모들도 아이들과 함께 축제를 즐겼다. 순조롭게 경기가 하나 둘 끝나고 이제 마지막 순서인 계주만 남은 상황. 아이들은 우승을 기대하며 자기 차례를 기다렸다. 1학년 아이들부터 달리기를 시작해서 드디어 5학년 차례가 되었다. 나는 아이가 운동을 좋아하고 달리기도 잘하는 것을 알고 있었기 때문에 치열하게 겨루는 장면을 기대했다. 그런데 출발선에 선 세 명의 선수는 처음부터 끝까지 사이좋게, 나란히 경보를 했다. 이게 무슨 일이지? 쟤가 왜 저러지? 달리기를 잘하는 아이가 경기 내내 열심히 걷기만 하다니. '지금 어떤 상황인데 장난을 하는 거야.'

나는 그런 아이의 모습을 이해하기 어려웠다. 집으로 돌아와 아이에게 계주에서 왜 그렇게 했냐고 묻지 않을 수가 없었다. 아이는 "엄마, 우리 반 남자애들 달리는 거 별로 안 좋아해. 내가 빨리 뛰면 애들이랑 사이가 안 좋아져. 그래서 애들이랑 뛰기 전에 그렇게 하기로 했어."라고 아무렇지 않게 말한다. 나는 할 말을 잃었다.

그 이후로 아이는 자신의 삶에서 즐거운 일들을 찾아냈다. 친구들과 주말에 함께 모여서 게임하기, 그리고 다음 주말에도 또 모여서 게임하기. '조직 안에서 무언가를 이루고 인정받았을 때 성취감을 느낀다'가 강력하게 작동하고 있는 삶. 아이는 이렇게 자신의 삶을 즐기기 시작했다.

나는 갈피를 잡을 수 없는 아이의 모습을 이해해야만 했다. 그렇지 않으면 온갖 오해와 불만이 가득할 테니까. 그때 펼쳐 든 책『아이의 사생활』에서는 이렇게 설명하고 있었다.

남자는 조직적이고, 여자는 개인적이다.

남자아이는 조직 안에서 무언가를 이루고 인정을 받았을 때 성취감을 느끼지만, 여자는 자신의 능력을 바탕으로 정체성을 만들어간다.

아이들도 마찬가지다.

여자아이는 친구와 상관없이 스스로 공부해서 얻는 결과에 자긍심을 갖지만, 남자아이는 조직이 중요하다 보니 친구들 사이에서의 인정이 중요하다.

만약 좋지 않은 친구들과 어울리며 열심히 공부하는 것을 '범생이'라고 생각한다면 친구들이 놀릴까 봐 공부를 잘 하지 않는다.

남자아이의 경우 우등생 집단 속에 있어야 우등생이 되는 경우가 많다.

『아이의 사생활』(EBS 아이의 사생활 제작팀)

『아이의 사생활』에서 말한 이 구절을 보고 나서야 아이가 조금씩 이해되기 시작했다. 왜 가족이 함께했던 주말을 친구로 대신하게 되었는지, 게임에 그렇게 몰입했었는지 말이다.

사춘기, 독서의 위기를 만나다

아이가 초등학교를 입학하기 전까지 나는 그림책을 많이 읽어주는 엄마였다. 집 근처에 있는 도서관도 자주 가고, 그림책을 사고, 계절이 바뀔 때마다 서가 정리도 하며 책 읽는 환경을 만들어주려고 노력했다. 독서가 중요하다는 생각 때문이었다. 아이들이 자라 학교에 가기 시작하면서는 스스로 책을 찾아 읽기를 원했다. 영유아 때부터 책을 꾸준히 읽었기에 당연히 읽기 습관과 능력이 길러졌을 거라고 믿은 것이다. 이제 읽기 독립을 할 때라는 기대와 조바심이 뒤섞여 하루 일과표에 '책 읽기'를 넣어두었다. 다행히 초등 저학년까지는 자신이 좋아하는 책을 가져와 나와 함께 잘 읽었다.

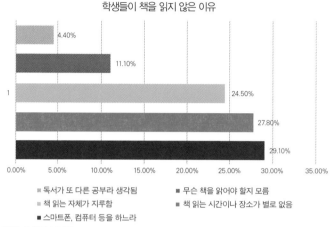

학생들이 책을 읽지 않은 이유

- 4.40%
- 11.10%
- 24.50%
- 27.80%
- 29.10%

0.00% 5.00% 10.00% 15.00% 20.00% 25.00% 30.00% 35.00%

■ 독서가 또 다른 공부라 생각됨　　　　■ 무슨 책을 읽어야 할지 모름
■ 책 읽는 자체가 지루함　　　　　　　■ 책 읽는 시간이나 장소가 별로 없음
■ 스마트폰, 컴퓨터 등을 하느라

출처: 연합뉴스(2016.7.8.)

　그런데 아이가 초등 고학년이 되면서 책을 거의 읽지 않았다. 나는 '책 좀 읽어라'라는 말을 자주 하기 시작했다. 그러면 아이는 낮은 목소리로 "네"라고 짧게 대답할 뿐이었다. 책 읽는 우리 집을 꿈꿨는데 책장에 있는 책이 아이의 방을 장식하는 순간이 온 거다.

　고학년으로 갈수록 이런 상황이라면 이건 독서 위기다!

　책을 읽는다는 것이 쉬운 일은 아니다. 책을 펼치자마자 글자들이 줄을 서 있고, 눈으로 하나하나 읽으면서 내용 이해와 의미 파악을 해야 한다. 인물과 사건이 복잡하게 얽히거나 지식과 정보의 양이 늘어나면서 책 한 권 읽기가 만만치 않다. 집중력도 필요하고 인내심도 가지고 있어야 한다. 책 읽을 힘이 필요한 것이다. 그러려면 단계를 밟아가듯 서서히 독서하는 힘을 키워야 하는데 아이에겐 그럴 여유가 거의 없다.

또 학년에 맞는 권장 도서 목록도 왜 이렇게 많은지. 책을 열기도 전에 다른 책 읽을 궁리를 해야 할 지경이다. 이쯤 되면 독서가 몰입과 재미와는 전혀 상관없는, '해치워야 할 일'에 가깝게 된다. 실제로 경기도교육청에서 초·중·고 학생 561명을 대상으로 실시한 독서 교육 실태조사에서도 응답자의 대다수가 책을 읽지 않는다고 응답했다.

독서 하는 힘은 부족한데 읽어야 할 책은 넘쳐난다면 나라도 도망칠 것이다. 그러니 책과 멀어진 아이를 탓할 수가 없다. 어렸을 때는 하고 싶은 일에 가까웠던 것이, 그래서 즐거운 놀이 같았던 책 읽기가 자신의 의지와 상관없이 강요당하고 있다면 누가 좋아하겠는가. 아이가 책을 찾지 않는 것은 당연하다.

아이와 눈높이 맞추기

아이가 어렸을 때 책 읽기는 '엄마랑 나랑 함께 책 읽기'였다. 아이는 엄마 목소리를 들으며 이야기에 푹 빠져 있으면 됐다. 재미있는 이야기는 계속 들을 수 있었다. 『달님 안녕』(하야시 아키코), 『사과가 쿵!』(다다 히로시)은 아이가 늘 가지고 다니던 책이었다. 환하게 웃는 달님의 모습, 빨갛고 커다란 사과를 사자와 코끼리가 함께 나눠 먹는 장면을 우리는 함께 보았다. 어린아이를 살짝 안아 무릎에 앉히고 책을 읽어주던 내 목소리가 마음속에 남아 있다. 아이 마음속에도 남아 있을 것이다. 그렇게 책은 아이와 내가 쌓아온 기억을 지금도 연결해준다.

이제 독서의 위기를 만난 내 아이를 다시 본다. 울퉁불퉁하고 고부라진 길 같은 사춘기를 걷는 아이의 눈을 바라본다. 지금도 '엄마' 하고 콧소리를 내며 엄마의 사랑을 확인하고 싶어하는 아이와 난 무엇을 할 수 있을까. 중학교에 입학하는 순간부터 다 컸다고 믿어버린 내 결정이 너무 성급했던 건 아니었을까.

이제 사춘기를 받아들인 아이를 나도 받아들여야 할 때인 것 같다. 내 속도에 뒤처지지 않게 따라오라고 말하는 대신 아이의 성장 속도에 발을 맞추어 함께 사춘기의 시간으로 들어가야겠다. 불안정한 감정 상태를 지닌 아이의 상황을 이해하고 지지할 때 이 순간을 무사히 통과할 수 있을 것이다. 아이와 내가 함께 성장하는 시기, 바로 사춘기다.

사춘기, 독서 모임 하기 가장 좋은 시기

사춘기는 아동기를 벗어나 청년 초기로 이때 삶에서 가장 복잡하고 중요한 변화를 경험한다. 가장 눈에 띄는 점은 신체적인 변화이다. 성장이 급속도로 이루어지며, 성호르몬의 분비가 증가하여 이차 성징이 나타나며 생식기능이 완성되기 시작하는 시기로 이성에 관심을 가지게 되고 또 인지능력이 발달하고 자기중심적인 생각이 강해진다. 이로 인해 자신에 대해 탐색하기 시작하는 것은 물론 주변에서 일어나는 일을 비판적으로 바라보기도 한다. 그래서 이 시기에 부모와 아이 사이에 신뢰와 애착이 잘 형성되어 있지 않다면 갈등이 심해질 수 있다. 부모의 말을 들으려 하지 않거나 반항하는 모습이 대표적이고 갑작스럽게 화를 내며 공격적으로 행동하기도 한다.

아이가 이렇게 독립해가는 동시에 다른 사람들과의 관계를 통해 삶에 대한 새로운 의미도 발견한다. 이때 또래 집단은 엄청난 영향력을 갖는데, 아이들은 사회적 관계를 쌓기 위해 또래 집단에 속하고 친구들에게 인정받기를 원하며 자신을 좋아해 주기를 바란다. 그래서 친구와 어울리기 위해 또래 집단 만드는 것에 관심이 많고, 성격이나 관심사가 비슷한 친구를 사귀려고 한다. 이처럼 우정과 소속감을 중요하게 여기기 때문에 친구나 선생님 등 다른 사람과의 관계를 잘 맺지 못할 경우 아이는 심리적 고통을 호소할 수도 있다. 이럴 때는 아이가 정서적 안정을 찾을 수 있도록 돕는 것이 중요하다.

사춘기 아이는 정체성 형성 중

청소년기 정체성 연구의 근원은 에릭 에릭슨Erik Homburger Erikson 의 이론에서 찾을 수 있다. 그는 '자아 정체성은 개인의 연속성, 단일성, 독자성 또는 불변성을 인식하는 것'이라고 정의하고 자아 정체성 발달이 인간의 전 생애에 걸쳐 일어난다고 보았다. 출생 초기부터 일생 동안 각 발달의 단계를 8단계로 나누고 각 단계에서 겪게 되는 발달적 위기를 잘 해결하는 것이 중요하다고 말한다. 특히 청소년기에는 소속감과 탐색의 성공적인 수행을 통해 정체성이 긍정적으로 발달할 수 있다고 주장한다. 부모와 친구를 포함한 사회적 관계의 유대와 새로운 것을 찾아보기 위한 시도가 정체성 형성을 이끄는 결정적인 힘이라는 것이다.

청소년기의 정체성 형성은 주체적인 삶에 중대한 영향을 준다. 학교생활이나 학업, 진로, 관계에 대한 문제를 잘 해결하지 못해 심리적 불안을 겪을 수 있는 반면 자신에 대한 치열한 탐색과 도전, 다양한 경험을 통해 주체적인 삶을 살 수 있다. 그래서 이 시기의 정체성 형성을 위해 자신의 역할을 이해할 필요가 있다. 나는 어떤 사람인가를 고민하고 찾아가는 과정이 충분히 있어야 한다는 것이다. 또 어떤 가치관을 갖고 살 것인지에 대하여 생각하는 것이 중요하다.

사춘기의 독서는 이런 것

책을 읽는다는 것은 줄거리를 파악하고 끝내는 것이 아니다. 특히 이야기책을 포함한 문학은 그렇게 읽을 수가 없다. 수많은 이야기로 가득 찬 세계를 여행하며 삶의 다양한 문제를 만나는 입체적 경험 속에서 줄거리를 아는 것은 첫 발걸음을 옮겼을 뿐이다. 여러 갈래로 뻗어난 가지와 그 사이에 달린 꽃, 이파리의 색깔과 모양을 두루 살피는 일처럼 책에서 다양한 장면을 만나는 사이 사춘기를 겪는 나를 만나고 이해할 수 있어야 한다. 이것이 독서의 핵심이며 이렇게 길러진 독서력은 앞에서 에릭슨이 말한 정체성 형성에도 중요하게 작용할 것이다.

문제는 아무리 정체성 형성을 위한 책을 읽는 것이 중요하다고 해도 아이들은 정체성 형성을 위해 책을 읽지는 않는다는 것이다. 책꽂이에 꽂혀 있는 많은 종류의 책 중에 아이들이 고르는 책은 재미있는 책이다. 그런 책은 시키지 않아도 몇 번이고 다시 읽는다. 책은 일단 재미있어야 한다는 말인데, 독서의 핵심이 '재미'여야 한다는 말은 『공부머리 독서법』에서도 나온다.

책은 '지루하고, 골치 아프고, 따분한 것'이라는 생각을 무너뜨려 거부감 없이 책을 읽을 수 있도록 만들어주어야 합니다. 아이 스스로 '어, 생각보다 재미있네!'라고 느끼게 만드는 게 핵심입니다.

사실 이건 선택 사항이 아닙니다.

아이가 책 읽기의 재미를 느끼지 못하면 책상 앞에 앉혀 놓을 수는 있을지언정 책을 읽게 만들 수는 없습니다.

그러니까 독서 교육의 핵심은 '지식'이 아니라 '재미'입니다.

이 목표를 가장 쉽고 빠르게 이루도록 해주는 책이 바로 동화나 소설 같은 이야기책입니다.

『공부머리 독서법』(최승필)

책 내용이 재미있어서 자발적으로 손에 들 수 있다면, 그렇게

시작한 독서의 끝에서 자신을 드러내고 성찰할 수 있는 때를 만난다면 좋겠다. 사춘기 맞춤형 독서는 결국 아이들을 잘 살피는 데에서부터 시작한다. 아이들이 좋아할 만한 책을 추천하고, 의견을 묻고, 책을 선택하고, 책 속에 난 길을 천천히, 그리고 함께 걸어가는 것.

독서 모임을 시작할 마음의 공간이 생긴 것이다.

이제, 독서 모임을 시작할 시간

톨스토이Lev Nikolayevich Tolstoy의 단편 소설 「세 가지 질문」에서 한 왕이 고민을 한다. '무슨 일을 할 때 가장 좋은지, 가장 필요한 사람은 누구인지, 해야 할 가장 중요한 일이 무엇인지'를 알기 위해 찾던 그는 이런 말을 듣는다.

"기억하시오. 가장 중요한 순간은 바로 '지금'이라는 사실을 말이오.

왜 지금이 가장 중요하겠소? 우리는 오직 '지금'만 영향력을 행사할 수 있기 때문이오.

오직 지금 이 순간만이 우리가 마음대로 다룰 수 있는 유일한 시간이라는 말이지요.

또한, 가장 중요한 사람은 바로 지금 함께 있는 사람이오. 앞으로 그 어떤 상황에서 그 누구와 자신이 인간관계를 맺을 지 모르므로 가장 중요한 사람은 지금 함께 있는 사람이오. 그리고 가장 중요한 일은 함께 있는 그 사람에게 착한 일을 행하는 것이지요. 그를 위해 이 세상에 인간이 보내졌고, 오직 이를 위해 인간 이 이 세상에 왔다는 사실을 잊지 마시오."

「세 가지 질문」(톨스토이)

가장 중요한 순간, 가장 중요한 사람, 가장 중요한 일이 무엇인 가에 대한 질문과 답을 찾는 과정을 따라가다 보면 어느새 내 안에 사랑이 와 있음을 깨닫게 된다. 사춘기 아이의 성장과 도약을 격려하는 것, 그것이 그 시간을 건너온 어른들이 줄 수 있는 사랑 아닐까.

깔깔대며 웃을 책을 함께 읽으며 우리 앞에 놓인 길을 걷고 싶다. 책 속으로의 산책이 힘들지 않게, 외롭지 않게 같이 가고 싶다. 우리가 책을 방향키로 삼아 어디든 갈 수 있다면!

책이라는 보물상자를 너에게

쳇바퀴 돌 듯 교실로 매일 출근해야 하는 생활에 지치고 힘들었던 어느 날, 나는 동네 책방에서 『주말만 기다리지 않는 삶을 위해, 평일도 인생이니까』라는 보석 같은 책을 만났다. 첫 페이지부터 작가는 내 마음속을 들어왔다 간 것처럼 나에게 끊임없이, 힘이 되는 말들을 꺼내 놓았다. 누구한테도 들을 수 없었던 위로로 가득 채워진 책이었다. 에피소드 하나하나 소중하게 마음에 간직했다. 그 책을 만난 이후로 나는 좀 더 여유로워졌고 덜 애쓰면서 살 수 있었다.

인생에 무언가 더 중요한 것이 있고, 지금 내 삶이 미진하다고 여기고 싶지 않다.

지금보다 더 나아져야 그게 진정한 나라고 여기고 싶지도 않다.

보이지도 않는 하나의 빅 픽처보다 매일 눈앞에 보이는 스몰 픽처를 100개, 1000개 그리며 살고 싶다.

오늘은 큰 그림의 일부가 아니라, 그냥 오늘이니까.

『주말만 기다리지 않는 삶을 위해, 평일도 인생이니까』,

(김신지)

자신에게 딱 맞는 책 한 권 마음속에 담아두고 산다는 것은 보물상자 하나를 갖고 있는 것처럼 소중하고 즐겁다. 나는 삶이 너무 힘들고 막막할 때 반짝이는 보물상자를 발견했고, 비밀처럼 마음 깊은 곳에 보관하고 있다.

'언젠가부터 책이 전하는 위로와 공감에 행복했을까?'

나는 필요한 것을 자연스럽게 책에서 구했고, 책은 친절하게 도움을 줬다. 하나의 고민이 생기면 책은 답을 내놓았고 나는 책이 들려주는 많은 이야기에 마음이 따뜻했다. 그 기억으로 나는 삶의 순간마다 책을 찾았고, 책 읽는 즐거움과 보람을 소중하게 여기는 사람이 되었다. 책을 통해 나라는 존재, 그리고 나를 둘러싼 사람들과 세상에 이르기까지 관심의 영역은 점차 넓고 깊어졌다.

또 하나의 보물상자, 나의 그림책

아이들과 순천에 있는 그림책도서관에 간 적이 있다. 어린이와 청소년을 대상으로 한 도서관이겠거니 생각한 나는 깜짝 놀랐다. 그동안 봐왔던 도서관과 느낌이 전혀 달랐다. 도서관 전체가 그림책으로 가득하고, 작가의 원화 전시회와 연극 공연을 위한 무대가 한켠에 자리 잡은 그곳은 정말 예쁘고 편안했다. 어린아이들도 책을 볼 수 있도록 서가를 꾸며 놓은 것도 인상적이었다.

이곳저곳을 살피다 우연히 『독수리와 굴뚝새』라는 책을 만났다. 파란 하늘에 큰 독수리와 작은 굴뚝새가 나란히 날아가는 그림책. 낯선 그림책도서관에서 빅 북을 들고 제인 구달이 쓴 그림책을 보니 좀 설렜다. 목소리를 가다듬고 아이들 앞에서 책을 펼쳤다. 책을 읽을수록 연약하고 작지만 세상에 대한 호기심으로 가득한 굴뚝새와 그를 이끌어 더 넓은 세상을 보여준 독수리의 이야기에 가슴이 뜨거워지기 시작했다.

"독수리는 강한 날개와 의지로, 굴뚝새는 꿈과 지혜로 그 어떤 새도 가보지 못한 높은 곳으로 날아오른 거야!"

『독수리와 굴뚝새』(제인 구달 Jane Goodall)

'아, 누구나 때로는 굴뚝새로, 때로는 독수리로 사는구나. 굴뚝새였던 내가 독수리로 성장할 수 있도록 많은 사람이 이끌었고, 그래서 지금의 내가 있구나.'

나는 이 책을 시작으로 그림책의 매력과 가치에 푹 빠졌다. 쉽고 재미있는 이야기지만 그 안에 삶을 성찰할 수 있을 만큼 깊이가 있다는 것에 놀랐다. 이 그림책이 나를 높은 곳으로 이끌어 많은 것을 볼 수 있도록 독수리가 되어 준 셈이다.

'나는 앞으로 누구의 독수리가 될 수 있을까. 더 넓은 세상을 볼 수 있도록 도울 수 있을까.' 우연히 만난 내 인생의 그림책 한 권이 엄마로서, 또 교사로서 누군가를 돕고 키우는 자리에 있을 때마다 나를 응원할 것이다.

보물상자를 너에게

학년이 올라갈수록 아이가 스스로 원해서 읽은 책이 거의 없었다는 것을 알았을 때 무척 난감했다. 학년이 올라갈수록 독서량도 늘어야 할 텐데 나만 조바심이 났다. 다시 아이가 요즘에 읽는 책이 무엇인지, 자발적으로 읽는 경우가 얼마나 되는지 차근차근 되짚어보면서 내가 책을 만난 순간과 아이가 책을 만난 순간이 너무도 달랐다는 사실을 깨달았다.

'아! 아이는 아직 책 읽는 즐거움을 모르는구나. 마음에 쏙 드는 책을 못 만나서 그럴 수 있을 거야. 내가 그랬던 것처럼 아이도 좋아하는 책과 만나게 하고 싶어. 가르치려고 하지 말고 함께 나누어야겠다.'

아이가 책의 즐거움을 모를 수 있었다는 걸 알게 된 순간, 그다음 뭘 해야 할지 앞이 보이기 시작했다. 그래, 다시 시작해보자.

오 헨리o.henry의 크리스마스 선물

'내가 중학교 다닐 때 어떤 책을 읽었더라.'

천천히 중학생 시절 읽었던 책들을 떠올려 본다. 이제는 너무 오래된 일이라서 무엇을 읽고 좋아했었는지 분명하진 않지만 흐릿한 기억을 비집고 오 헨리의 단편이 떠올랐다. 짧지만 따뜻한 이야기, 갑작스러운 반전과 의외의 결말로 재미있게 읽었던 오 헨리의 단편이라면 아이가 좋아할 것 같았다. 오 헨리가 쓴 많은 작품 중에서 지금 아이에게 권할 책은 『크리스마스 선물』이다. 왜냐면 지금은 12월이고 크리스마스를 앞두고 있기 때문이다.

우리 집 아이들이 '저는 이런 크리스마스 선물 받고 싶어요.'라고 말하고 있을 때라서 같이 읽어 보자고 했다. 크리스마스를 상상하던 아이들이 제목을 보고 흔쾌히 읽겠다고 한다. 오호!

델라와 짐이 서로를 위해 준비한 선물을 알게 되는 장면이 이 작품의 가장 큰 매력이자 주제일 것이다. 우리는 책을 읽고 마음에 따뜻함을 간직한 채 가만히 책을 덮었다. 작품에서 얻은 울림이 마음에 남아 서로 더욱 사랑하기를 바랄 뿐이었다. 그렇게 같이 책 읽기를 끝내고 시간이 얼마나 지났을까. 스치듯 아이가 말했다.

"시곗줄을 못 쓰게 됐다고 했을 때 너무 안타까웠어."

"아!, 그렇지. 머리카락을 잘라서 샀는데."

이 말을 듣게 될 줄이야. 짧은 말 한마디가 반가웠다. 가만히 책을 덮었는데 이야기는 그 애 마음에 계속 남아 있었던 것이다.

책과 멀어진 아이에게 내가 가진 보물상자를 선물해 주고 싶다. 아이가 궁금해 하는 것을 책에서 듣고 볼 수 있다면 나는 역할을 다 한 것이다. 아이의 보물상자가 차곡차곡 쌓이기를, 그래서 아이의 삶이 밝게 빛나면 좋겠다.

교실에서 만나는 독서 수업의 기쁨

국어 수업 시간, 아이들은 책을 '읽기'에 쉽게 지친다. 읽기의 매력을 느끼려면 책 속에 빠져들 때까지 집중해야 하는데 여기에 엄청난 에너지가 필요하기 때문이다. 이럴 때 나는 친구 도움을 활용한다. 30명 정도 되는 학생들을 몇 명씩 짝을 지어 독서 모둠을 만들고 그 모임 안에 독서 도우미를 한두 명 정도 포함한다. 독서 모둠을 만들기 전에 평소 책을 잘 읽는 학생을 불러 너의 도움이 필요하다고, 친구들이랑 함께 읽기 위해 도울 수 있겠느냐고 묻는다. 모둠 친구들 중에 누가 읽기를 어려워하는지, 약속한 대로 잘 읽고 있는지 확인하면 된다고 말해 주고 그것에 동의한 학생이 도우미가 된다. 이 학생은 책 읽기에 있어 큰 어려움이 없기 때문에 대부분 친구들을 잘 이끌어준다. 선생님보다 친구는 때로 더 중요한 선생님이 되기도 한다는 사실!

같이 오랜 시간 공들여 책을 읽고, 읽는 중간에 잘 읽었는지 점검하는 활동도 하면서 목표한 지점까지 완주한다. 그렇게 책 한 권 다 읽고 난 뒤에 어떤 학생에게 '저, 책 다 읽은 거 처음이에요.'라는 고백을 듣기도 한다. 함께 책 읽기를 마친 우리는 마음속에서 뿌듯함을 느끼고 서로 축하를 나눈다. 여기까지 아무도 그만두지 않고 왔다는 것으로도 충분히 행복한 시간을 보낸다.

책을 천천히 깊게 읽는 수업에서 아이들의 생각이나 기분을 알수 있고 때로는 비밀처럼 꼭꼭 숨겨둔 속마음을 나누기도 한다. 책을 읽고 나누는 자리에서 이야기를 꺼내는 그들의 눈을 보면 진심이 느껴져서 나는 책을 가지고 학생들과 만나는 시간이 늘 기대된다. 중학교 3학년 학생들과 이희영 작가의 『페인트』를 읽고 글을 쓰는 수업을 한 적이 있었다. 아이들이 자신의 부모를 선택하는, 미래에 있을 법한 이야기로 참신하고 긴장감이 있어 재미있게 읽었던 소설이다. 이 책의 마지막 장면에 이런 구절이 나온다.

모른다는 것이 꼭 나쁜 일만은 아닌 것 같다.

모르기 때문에 배울 수 있고, 모르기 때문에 기대할 수 있으니까. 삶이란 결국 몰랐던 것을 끊임없이 깨달아가는 과정이고 그것을 통해 기쁨을 느끼는 긴 여행 아닐까?

－『페인트』(이희영)

책을 읽고 자기의 생각과 느낌을 이야기할 때 각자가 지닌 내면의 아름다움을 발견하기 바란다. 또 내가 몰랐던 것을 끊임없이 깨달아가기를. 그것을 통해 기쁨을 느끼기를. 자신을 만나고 타인과 교류하며 세계를 이해할 수 있기를.

이것이 책을 읽는 목표가 되기를 바란다.

또 하나의 성장, 독서동아리

국어 수업 시간에 전체 학생과 독서 수업을 하는 동시에 독서동아리 모임도 별도로 운영했다. 하교 후 학년별 5, 6명 정도의 인원으로 독서동아리를 만들었고 모두가 참여할 수 있는 시간을 정해서 일주일에 한 번씩 모인 것이다. 2학년 학생들과는 1학기에 책 놀이를 중심으로 공부했다. 책 놀이를 시작한 가장 큰 이유는 독서동아리에서의 책 만남이 유쾌하기를 바랐고, 우리가 느낀 즐거움을 학교 밖 지역아동센터에 있는 아이들에게 나누고 싶었기 때문이다. 공식적인 수업을 마친 후 우리끼리 시끌벅적하게 놀고 기분 좋게 집으로 돌아가는 모임은 1학기 내내 계속되었다. 그리고 여름방학, 지역도서관에서 초등학생을 대상으로 독서캠프가 열렸고 우리는 캠프를 지원하러 가게 됐다. 1학기에 그림책을 함께 읽고 좀 놀아본 것이 효과가 컸을까. 우리는 실전에서 능숙하고 여유 있게 아이들을 만날 수 있었다.

　자신보다 어린 동생에게 '책으로 이렇게 놀 수 있다'며 따뜻하게 다가가는 아이들의 모습이 사랑스럽다. 오로지 자기 힘으로 도전하고, 실수하고, 또 해결하며 끝까지 최선을 다한다. 정말 잘해 보고 싶은 마음이 눈에 보인다.

　"선생님, 저는 초등학교 교사는 못할 것 같아요. 애들이 저희 때와는 달라요. 말도 지지 않고, 자기가 하고 싶은 말을 다하니 감당이 안 되고, 아흑."

　이 말을 하는 학생이 너무 귀여워서 그만 웃고 말았다. 고작 몇 살 아래인 남자아이들에게 '책 놀이하자'고 하며 이것저것 알려 주니 꼬마 아이들이 형과 누나가 너무 좋았던 거겠지.

　'누군가를 위해 공부하는 시간이 우리에게 있었는가? 2학년 학

생들은 무엇을, 왜 배운 것인가?'

나는 살아있는 배움이라고 말하고 싶다. 지식을 아는 것에서 그치지 않고 깨닫고 행동함으로써 확장해 나가는 배움. 나도 옆에서 그렇게 배울 수 있도록 돕고 싶다. 또 나로 출발해서 다른 사람을 돕고 다시 나로 돌아올 때의 뿌듯함과 성장이 아이들 안에 새겨지기를 믿는다. 중학교 시절, 책으로 재미와 보람을 나눈 경험이 아이들 마음속에서 빛날 것이다. 우리를 단단히 연결해주는 독서동아리의 힘이 이런 것 아닐까. 책으로 만들어가는 따뜻한 관계.

2학년 학생들이 노란 조끼를 입고 있는 모습, 교사가 시켜서는 할 수 없는 일임은 분명하다.

그럼 이제, 집에서도 한번 도전해볼까?

친구와 함께하는 독서 모임이 답이다

　최근 통계청에서 실시한 독서 관련 조사에 따르면 초등학교 4학년부터 고등학교 학생 474명 중 290명이 연간 독서량 '없음'과 '5권 이내'에 응답했다. 대부분 '읽을 책이 없다'는 이유를 들어 책을 읽지 않는 것이다. 이런 상황에서 책 읽지 않는 아이들에게 책을 읽어야 한다고 주장하는 것은 과녁을 제대로 보지 않고 활을 쏘는 것과 같다. 독서를 해야만 한다는 의무가 제대로 된 독서를 경험하지 못하게 하는 것이다. 특히 사춘기에 접어든 아이들이 자발적으로 책을 만나지 않는다면 책 읽을 가능성은 더욱 희박하다.

　이 시기의 독서 교육은 유아기에서 초등 저학년까지의 독서 교육과는 달라야 한다. 평가나 시험을 위한 준비보다 책을 읽는 즐거움과 보람을 느낄 수 있다면 스스로 책을 찾아 읽기 시작할 것이다. 하나 더, 친구들과 어울리기를 좋아하며 인정받길 원하는 특성을 헤아린 독서 경험이 진정한 읽기 독립을 도울 수 있다. 친구와 함께 책을 읽고 나누는 경험을 통해 독서의 재미를 찾는 것이다. 그래서 사춘기 독서를 위한 독서 모임을 가능하게 하는 힘, 바로 '친구와 함께, 즐겁게'에 있다.

친구들과 함께 책 읽는 독서 모임

혼자 하는 독서는 자기만의 생각과 해석에서 벗어나기 어렵다. 또 흥미 위주의 책이나 평소 관심 있는 책만 골라 읽기도 한다. 이렇게 독서의 의미와 즐거움을 혼자 터득하는 과정이 쉽지 않기 때문에 '함께 즐겁게 읽고 나누는' 독서 모임이 필요한 것이다. 독서 모임이라면 같은 책을 읽은 여러 독자가 모여 자신들이 읽으면서 떠올린 생각이나 느낌을 공유하는 기회를 가질 수 있다. 또 작품을 다양한 관점에서 이해하고 해석하며 삶에 적용할 수 있는 능력을 배우는 것이 가능하다.

사춘기를 경험하는 아이들의 성향을 고려한다면 독서 모임을 만드는 것은 더욱 중요하다. 아이들과 독서 모임을 시작할 때 "친구랑 같이 독서 모임 할래?"라고 물으면 대부분 호기심을 가진다.

마음에 맞는 친구들이 만든 독서 모임[1]이라고 하면 '책'보다는 '마음에 맞는 친구들'에 끌리기 마련이다. 친구와의 관계를 중요하게 여기는 아이들이 책을 읽고 나누는 자리에 초대받는 것만으로도 흥미로운 독서 동기를 일으키는 것이다.

『사춘기 준비 사전』(박성우, 창비)은 사춘기를 경험하는 아이들의 다양한 심리를 유쾌하게 풀어낸 책이다. '단짝'을 소개하는 글에서 "마음이 딱딱 맞는 너와 함께 밤늦도록 수다를 떨다가 잠들 때 단짝이 있다는 게 얼마나 좋고 든든한지 몰라."라고 말한다. 그러니 친구와의 우정을 중요하게 여기는 아이들에게 공식적으로 만날 자리를 만들어 보자는 제안이 얼마나 반가울까.

'내 아이만 데리고 책 읽기에도 벅찬데 어떻게 다른 아이들까지 챙겨야 하지?'가 고민된다면, 놀이터에서 노는 아이들의 모습을 떠올려 보자. 놀이터에 있는 아이들과 어울려 노는 공간에서 보호자는 안전을 보호하는 울타리 역할만 하면 된다. 독서 모임도 마찬가지다. 더욱이 아이들이 자랄수록 친구들과 어울리기를 원한다는 사실을 기억한다면 '혼자'보다 '여럿'이 더 쉽다. '내가 이 아이들을 다 챙겨야 한다'의 관점에서 '아이들과 내가 함께 한다'로 바라보면 마음도 한결 가벼워질 것이다.

---

1 학교 현장에서도 자발적 독서동아리가 많이 만들어지고 운영되고 있다. 백화현 선생님의 『도란도란 책모임』(학교도서관저널), 서현숙·허보영 선생님의 『독서동아리 100개면 학교가 바뀐다』(학교도서관저널)에 독서동아리 운영 사례가 많다.

모임의 첫 단추는 우정

독서 모임의 첫인상, 어떻게 하면 좋을까. 만약 독서 실력을 높일 마음으로 첫 단추를 끼웠다면 다시 풀어야 한다. 독서 모임을 잘 유지하기 위해서 맨 먼저 시도할 공략은 긴장감을 없애는 일이다. 바로 가벼운 친교 모임으로 독서 모임을 시작하는 것. 책 읽기를 시작하기 전에, 다양한 방법을 적용하기 전에 서로 친해지기가 선행되어야 한다. 이 방법은 독서 모임이 성공적으로 안착하는 데 아주 중요하다. 왠지 딱딱하고 어려울 것 같은 독서 모임이라고 생각했는데 한바탕 놀고 왔다면 다음 모임에도 참여하고 싶은 마음이 자연스럽게 생길 것이다. 구성원의 친밀감이나 신뢰가 탄탄해야 아이들이 모임에 잘 참여할 수 있다.

어색하고 서먹서먹한 분위기를 깨기 위해 몇 가지 아이스브레이킹을 사용하기도 하는데, 전혀 힘들지 않았던 방법 세 가지를 소개한다.

1. 질문으로 여는 대화

질문을 담아 카드로 제작한 '질문 카드'를 활용하는 방법이다. 종류도 다양하고 앞면에는 이미지, 뒷면에 질문이 담겨 있어 여러 방법으로 응용이 가능한 카드도 있다. 카드를 늘어놓고 마음에 드는 장면이나 질문을 고르는 동안 긴장감이 누그러진다. 주로 나는 세 장 정도를 골라 달라고 부탁한다. 모두가 카드를 선택했다면 이번에는 답하고 싶은 질문만 말해달라고 한다. 그러면 몇 개의 답을 하든지 말하는 사람이 결정할 수 있어서 부담이 줄어든다. 이 방법은 처음 만난 사람과 대화를 시작할 때 자연스럽게 말문을 열게 하는 힘이 있을뿐더러 서로에 대해 알아가는 즐거움이 있어서 모임을 시작할 때뿐만 아니라 언제든지 사용할 수 있다.

2. 간식 먹기

아이들의 우정을 돈독히 하기 위해 내가 사용한 방법은 아주 간단하다. 아이들이 도착하기 전에 간단히 먹을 과일이나 음료를 준비하는 것이다. 음식 함께 나누기가 사람을 한곳에 모이게 하는 강력한 힘이 있다는 것을 여기에서도 확인할 수 있다. 아이들은 음식을 먹으며 편안한 분위기에서 일상적인 이야기들을 나눈다. 때로는 아이들이 간식을 들고 오기도 하는데 각자 가지고 온 음식을 풀어놓고 먹으며 기분 좋게 모임을 시작한다.

3. 우아한 티타임

가끔은 '우아하게' 시작하기도 한다. 투명한 유리 주전자와 컵, 달콤한 향을 가진 허브차를 준비해서 마신다. 어느 날 갑자기 그렇게 한다. 특별하면서도 잘 대접받는다는 느낌 때문인지 와자지껄 떠들던 아이들도 차분해지는 효과가 있다. 때로는 책을 집중해서 읽어야 할 때도 아이들이 좋아할 만한 차를 권한다. 차를 마시며 책을 읽는 풍경을 상상해 보자. 적어도 차 마시는 시간 동안 책에 푹 빠져서 읽을 수 있을 것 같지 않은가? 실제로 그렇다.

[독서 모임 노하우]
학교에서 가르치는 국어와 한 학기 한 권 읽기

학교에서 가르치는 국어 과목은 듣기·말하기, 읽기, 쓰기, 문법, 문학 영역으로 구성되어 있다. 아이가 초등학교에 입학해서 고등학교를 졸업할 때까지 다섯 개 영역을 골고루 배우는 것이다.

먼저 듣기·말하기의 태도를 보자. 공감과 협력하며 소통할 때 듣기와 말하기를 효과적으로 수행할 수 있다고 말한다. 읽기는 자발적 읽기를 생활화하는 것을 지향하며 쓰기는 즐겨 쓸 때 쓰기를 효과적으로 수행할 수 있다고 말한다. 문학은 인간과 세계를 성찰하며 이를 생활화할 때 문학 능력이 효과적으로 신장된다고 설명하고 있다. 즉 자발적으로 읽고, 공감과 협력하며 듣고 말하고, 즐겨 쓰는 것을 배워야 한다는 것이다.

2015 국어과 교육과정에서는 수업 시간에 책을 읽고 친구와 소통하고 그 내용을 표현하는 교육을 하도록 제시하고 있다. 또한 초등학교와 중학교 국어 읽기 영역에서는 다음과 같이 교수 학습과 평가 방법에 대해 설명한다.

학습자가 글에 대한 질문을 만들고, 함께 답을 찾아가는 대화로 수업이 진행될 수 있도록 한다. 또한 자신의 독서 습관을 살펴보고 읽을거리의 분량, 난이도, 시간 등을 고려하여 독서 계획을 세워 실천하는지 확인한다. 읽을거리를 스스로 찾아 읽으며 완독하는 습관을 가지고 있는지도 평가할 수 있다.

『국어과 교육과정 초등학교 5-6학년 읽기 영역』 (교육부)

성공적인 독서 경험을 하도록 하는 데 초점을 둔다. 한두 차시에 걸쳐 온전히 독서만 하도록 할 수 있고, 여러 차시에 걸쳐 수업 시간의 일부를 독서에 할애할 수도 있다. 학습자가 스스로 글을 선정할 수 있고 교사가 학습자의 흥미와 발달 수준을 고려하여 글이나 책을 선정할 수도 있다.

『국어과 교육과정 중학교 1-3학년 읽기 영역』 (교육부)

◆─────◆─────◆

국어 교육과정에서는 한 학기 한 권 읽기로 완결된 긴 글을 읽도록 하고 있다. 글을 읽는 과정에서 자신이 갖고 있는 문제와 대면하고 스스로 깨달음을 경험할 수 있도록 독서 교육을 하는 것이다. 이를 위해 학교에서 다양한 분야의 책을 읽는 기회를 제공하고 그 과정에서 의미를 구성할 수 있도록 가르친다. 그리고 수업 시간에 책 한 권을 온전히 읽는 것을 바탕으로 듣기와 말하기, 쓰기를 통한 배움을 지향한다. 이러한 독서 경험을 바탕으로 능동적인 독자를 기르는 것, 그것이 한 학기 한 권 읽기의 핵심이다.

영역	핵심개념	일반화된 지식	학년(군)별 내용 요소					기능
			초등학교			중학교 1-3학년	고등학교 1-3학년	
			1-2학년	3-4학년	5-6학년			
듣기·말하기	본질	듣기·말하기는 화자와 청자가 구어로 상호 교섭하며 의미를 공유하는 과정이다.			구어 의사소통	의미 공유 과정	사회성 문화성	맥락 이해 활용하기 청자 분석 내용 생성 내용 조직 자료·매체 활용하기 표현·전달 내용 확인 추론하기 평가·감상
	태도	듣기·말하기의 가치를 인식하고, 공감·협력하며 소통할 때 듣기·말하기를 효과적으로 수행할 수 있다.	바르고 고운 말 사용	예의를 지켜 듣고 말하기	공감하며 듣기	배려하며 말하기	담화 관습의 성찰	
읽기	본질	읽기는 읽기 과정에서의 문제를 해결하며 의미를 구성하고 사회적으로 소통하는 행위이다.			의미 구성 과정	문제 해결 과정	사회적 상호 작용	맥락 이해 몰입하기 내용 확인 추론하기 비판하기 성찰·공감 통합·적용 독서 경험 공유하기 점검·조정
	태도	읽기의 가치를 인식하고 자발적 읽기를 생활화할 때 읽기를 효과적으로 수행할 수 있다.	읽기에 대한 흥미	경험과 느낌 나누기	읽기 습관 점검하기	읽기 생활화하기	자발적 읽기	

영역								
쓰기	본질	쓰기는 쓰기 과정에서의 문제를 해결하며 의미를 구성하고 사회적으로 소통하는 행위이다.			의미 구성 과정	문제 해결 과정	사회적 상호작용	맥락 이해 독자 분석 아이디어 생산하기 글 구성하기 자료·매체 활용하기 표현하기 고쳐쓰기 독자와 교류하기 점검·조정
	태도	쓰기의 가치를 인식하고 쓰기 윤리를 지키며 즐겨 쓸 때 쓰기를 효과적으로 수행할 수 있다.	쓰기에 대한 흥미	쓰기에 대한 자신감	독자의 존중과 배려	쓰기 윤리	책임감 있게 쓰기	
문학	본질	문학은 인간의 삶을 언어로 형상화한 작품을 통해 즐거움과 깨달음을 얻고 타자와 소통하는 행위이다.			가치 있는 내용의 언어적 표현	심미적 체험의 소통	유기적 구조	몰입하기 이해·해석 감상·비평 성찰·향유 모방·창작 공유·소통 점검·조정
	태도	문학의 가치를 인식하고 인간과 세계를 성찰하며 문학을 생활화할 때 문학 능력이 효과적으로 신장된다.	문학에 대한 흥미	작품을 즐겨 감상하기	작품의 가치 내면화하기	문학을 통한 성찰	문학의 주체적 수용과 생활화	

교육부(2018), 국어과 교육과정(교육부 고시 제 2015-75호)

·✦· 제2장 ·✦·

독서 모임,
시작과 지속의 방법

독서 모임 쉽게 꾸리기

모임을 처음 시작하던 때가 떠오른다. 어떤 책을 선정해야 하는지, 무슨 이야기를 해야 할지, 시간을 얼마나 정할지 모든 것이 막막했다. 처음부터 완벽하지 않았다. 그런데 시작이 반이라고 하지 않았는가. 독서 모임을 기록한 책들이 꽤 있었다. 누군가는 먼저 그 길을 가고 있었던 거다. 책에서 말하는 응원에 힘입어 내가 가장 중요하게 여긴 것을 적어보았다. 그것을 중심으로 몇 가지 기준을 세웠다. 이제 길을 헤매지는 않을 것 같다.

[독서 모임의 원칙]
아이들과 내가 편안하고 즐거운 시간을 보내자
아이들의 생각과 표현을 격려하고 지지하자
아이들이 스스로 배움을 찾아가도록 돕자

구성원 모으기

적정한 인원은 4명에서 6명 정도가 좋다. 탁자에 빙 둘러앉을 정도의 인원일 때 소외되는 아이 없이 모두 참여할 수 있기 때문이다. 너무 많거나 적으면 아이들이 자신의 이야기를 풀어내고 집중해서 활동하는 데 어렵다. 아이와 대화를 해서 평소 학교에서 마음이 맞거나 동네에서 잘 어울리는 친구를 초대하면 된다. 모임을 구성하기 위해 학년이 꼭 같아야 할 필요는 없다. 한 학년 정도 차이가 나도 서로 불편함이 없다면 괜찮다. 하지만 같은 성을 가진 친구가 한 명이라도 있다면 아이들이 모임에 쉽게 적응한다. 예를 들어, 남자아이 세 명에 여자아이 한 명으로 구성한다면 여자아이는 이 모임을 불편해할 것이다.

부모들이 서로 친하다는 이유로 구성원을 꾸리는 것보다 아이들끼리의 친밀도로 만드는 것이 훨씬 중요하다. 그래서 나는 독서 모임을 시작하기 전에 모임에 함께할 아이들을 만나서 대화를 나누었다. 본인이 정말 희망하는지를 확인한 것이다. 그런 후에 부모님께 독서 모임에 대한 안내를 드린다. 대부분은 독서 모임에 함께할 수 있게 된 것에 고마워한다. 혹시 참여하겠다고 했다가 취소를 한다면 여유를 갖고 다른 친구를 초대하면 된다. 모임 만드는 이 시간을 즐기시길.

모임 운영 주기와 시간

가장 이상적인 운영 주기는 아이들과 선생님이 가장 편안하게 만날 수 있는 정도일 것이다. 독서 모임을 만들어 오래 유지하는 것을 목적으로 할 수 있고, 주제와 시기에 따라 단기로 정해서 운영할 수도 있다. 아이들이 1년 동안 같은 반에서 지내는 것을 고려해서 1년으로 정해서 운영하거나 방학 중 모임 또는 몇 회 모임 등 운영 기간을 미리 정하고 만나면 된다. 이렇게 하면 부담도 덜하고 시작과 마침이 분명해서 즐겁게 마무리할 수 있다.

나는 주 1회 독서 모임을 갖고 싶었지만 꾸준히 할 자신이 없었다. 일을 마치고 집에 오면 그게 또 출근인 삶. 세 아이를 돌봐야 하고 집안일도 해야 했기 때문이다. 학교에서도 아이들과 바쁘게 하루를 보냈는데 또 독서 모임으로 지치고 싶지 않았다. 내가 가장 편하고 즐겁게 만날 수 있을 정도로 정하는 것이 중요했다. 그래서 힘을 적절히 유지하면서 할 수 있는 정도가 2주에 한 번 모이는 것이었다. 요일과 시간은 아이들과 협의해서 정했다. 학기 중에는 이렇게 2주에 한 번 모임을 운영하고 아이들이 방학을 하면 그에 맞춰 독서 모임도 잠시 멈추고 쉬었다. 방학에도 쉬지 않고 계속 운영하다 보면 지쳐서 모임을 오래 유지하기 어려울 수 있고, 휴가 등의 이유로 빠지는 것에 서로 미안해하지 말자는 뜻도 있었다.

아이들과 약속한 것은 되도록 지키려고 노력했다. 특히 2주를 넘기지 않으려고 노력했는데 너무 오래 멈추면 읽던 책의 내용과 감정, 생각을 잊어버리기 쉽기 때문이다.

어떤 때는 약속한 모임 시간이 다 끝날 때까지 책 읽기를 마치지 못한 날도 있었다. 이 때 2주를 기다리는 것보다 그 다음 주에 이어서 하는 게 좋겠다는 판단이 되면 연속해서 매주 만나는 방법도 선택했다.

요일과 시간은 규칙적으로 정하되 운영 주기와 틀에 너무 얽매이지 않기를 바란다. 상황에 따라 자율적으로 조절하면서 편안하고 즐겁게 만나는 것이 모임을 오래 유지하는 방법이다. 모임 전에 일정을 미리 공지해서 아이들이 모임에 참석할 수 있도록 안내하면 서로 편해서 좋다.

모임 장소

독서 모임 장소는 두 시간 정도 편하게 머물 수 있어야 하고, 독서에 집중할 수 있는 공간이면 된다. 가장 안전하고 편안한 공간은 아이들의 집이었다. 부모님들께서 평소 친구들과 만날 기회가 거의 없는 아이들을 기꺼이 집으로 초대해주셔서 우리는 친구들의 집에서 독서 모임을 할 수 있었다. 돌아가면서 순서대로 친구의 집을 방문하기로 했는데, 간혹 누군가는 그럴 상황이 되지 않는다고 말할 수도 있다. 그런 경우에는 가능할 때 초대해달라고 가볍게 말하면 된다. 아이들은 친구 집에 와서 소소한 이야기를 나누며 즐겁게 만난다. 따뜻한 공간이 주는 안락함은 행복감을 주기에 충분하고 그 기운은 자연스럽게 독서 모임으로 흐른다.

또 다른 장소로는 마을에 있는 도서관이나 주민 센터 같은 기관의 도움을 받을 수도 있다. 대부분은 무료로 공간을 빌릴 수 있고 도서를 지원받을 수도 있으니 이러한 공간을 이용해도 좋다.

모임을 위한 약속

독서 모임이 중요한 약속이 되어야 중간에 흐지부지 없어지지 않는다. 갑자기 그만하겠다고 하면 구성원 모두에게 영향을 주기 때문에 모임을 시작하기 전에 부모님과 만나 독서 모임에 대한 계획을 나눈다. 그리고 아이들과 함께 규칙을 세운다.

[독서 모임의 약속]
선생님은 다음 모임에 대해 안내하기
못 오게 된다면 미리 연락하기
방학하면 우리도 잠시 쉬기
서로를 소중히 여기고 협력하기

『처음 시작하는 독서동아리』(김은하, 학교도서관저널)에서는 어른이 강요한 규칙보다 구성원이 정한 규칙이 훨씬 책임감을 느낄 수 있다고 말한다. 그리고 겉으로 드러나는 행동뿐 아니라 보이지 않는 규칙도 포함하기를 추천한다. 약속을 만들 때 이 책에서 제안하는 규칙을 참고하면 도움이 될 것이다.

마음을 헤아리는 독서 교육

책 읽기는 여러 역량이 바탕이 되어야 가능하다. 인내심이 있어야 하고, 집중력도 높아야 한다. 또 내용을 이해하고 예측하는 힘도 필요하다. 그리고 책을 지속적으로 읽을 수 있으려면 책 읽는 동안 기쁨과 재미, 즐거움, 의미가 순간순간 일어나야 한다. 이러한 내적 동기의 작동은 부모의 강요나 지시로 이루어질 수 없다. 그래서 나는 독서 모임을 할 땐 이것만 기억하고 집중하기로 했다.

함께 읽을 시간과 공간을 갖는 것,
온전히 즐기는 과정에서 '깨달음'이라는 신호를 만나는 것,
책이 보물상자가 되는 것

자신을 만나는 기회

독서 모임에서 나의 역할은 첫째로 아이들이 책을 통해서 자신을 만날 수 있도록 돕는 것이다. '나는 내 삶을 주체적으로 개성을 가진 멋진 존재'라고 인식하는 것이 긍정적인 자아 정체성을 형성하는 첫걸음이기 때문이다. 자신의 길을 용기 있게 걸어갈 때 다양한 문제로 겪는 아픔도 지혜롭게 대처하고 감정의 변화로 혼란스러울 때도 평온하게 다스릴 수 있을 것이다. 그래서 나는 아이들이 저마다 가진 다양한 욕구와 감정을 알아차리고 자신과 더 평화롭게 지낼 수 있는 책을 건네주고 싶다.

나도 요즘에 공부하는 것 때문에 힘든데 주인공도 그랬네.
엄마 아빠가 싸우셔서 힘든데 얘도 그렇구나.
중학교에 입학하면 친구들이랑 잘 지낼 수 있을까 궁금한데 이 책 제목이 '어쩌다 중학생 같은 걸 하고 있을까'라고. 왠지 나랑 비슷한 이야기일 것 같아.

이러한 생각으로 책을 선택했다면 읽으면서 무엇을 기대할까. 펼친 책에서 나와 비슷한 인물을 발견하고 그가 처한 상황을 엿보며 동질감과 공감이 생겨나지 않을까. 그러면서 결국엔 내가 나를 보고 '그래, 지금까지 잘했어. 괜찮아'라고 말하지 않을까. 그것이 아이의 보물상자가 되어 '나답게'를 응원한다면 얼마나 좋을까.

따뜻한 관계 맺기

두 번째는 나와 너의 관계를 더 따뜻하게 맺을 수 있도록 안내하는 것이다. 진정한 마음으로 서로에게 다가가며 함께 성장할 수 있는 방법을 나누고 싶다. 특히 가족과 친구의 의미에 대해 이해하고 다가서는 방법을 알고 있다면 삶이 한결 부드러워지지 않을까. 그래서 책을 읽으면서 지금 나의 상태가 어떤지 돌보고 다른 사람들과 적절한 거리를 유지하는 지혜를 얻을 수 있으면 좋겠다. 또 관계를 새로 맺거나 단절되는 상황에서 유연하게 자신을 다독이는 힘을 갖길 바란다. 관계로 인해 문제가 생기더라도 그것을 치명적인 일로 받아들이지 않을 힘 말이다.

이꽃님 작가의 『세계를 건너 너에게 갈게』는 사랑하는 사람을 영원히 잃어버린 한 가족의 이야기를 담고 있다. 이 책의 마지막 장면에 엄마가 딸에게 보내는 편지가 있는데 이 글에서 우리의 관계가 얼마나 소중한지를 알 수 있다.

이제야 알겠어.

그 먼 시간을 건너 네 편지가 나한테 도착한 이유를.

너와 내가 사는 세계의 시간들이, 그 모든 순간이 모여,

있는 힘껏 너와 나를 이어주고 있었다는 걸.

참 신기하게도. 참 고맙게도.

『세계를 건너 너에게 갈게』(이꽃님)

있는 힘껏 너와 나를 이어주고 있는 상태. 그것이 신기하면서도 고마운 것임을 알게 되었을 때 소중한 사람을 향해 한 발 더 다가 갈 수 있을 것이다. 우리가 이렇게 수많은 만남 속에서 서로에게 기대어 산다는 것, 참 반갑고 따뜻한 발견이다.

우리를 둘러싼 세계에 대한 관심

세 번째는 나와 너를 둘러싼 세계에 대한 관심을 갖도록 하는 것이다. 나에 집중했다면, 너와의 관계를 고민했다면, 이제 세상을 바라보고 싶다. 우리는 이 세계를 이루는 것 중 하나로 무수히 많은 것과 연결되어 살아가고 있다. 그런데 우리 이런 생각 자주할까? 거의 하지 않을 것이다. 아니, 한 번도 생각해 본 적 없다고

사진 : 크리스 조던의 홈페이지(http://chrisjordan.com)

할 수도 있겠다.

　미국의 사진작가이자 다큐멘터리 감독인 크리스 조던Chris Jordan
은 『아름다움의 눈을 통해 절망의 바다 그 너머로』라는 책을 썼
다. 이 책에서 그는 태평양에 위치한 미드웨이섬에서 플라스틱을
먹고 죽은 알바트로스의 참상을 사진으로 찍어 세계에 알렸다.
죽음의 새가 말하는 것이 무엇일까?

　사진 앞에서 느끼는 감정은 '나'를 벗어난 것이었다. 플라스틱
이 먹이인 줄 알고 먹이는 어미 새와 받고 있는 아기새는 지독한
슬픔 그 자체였다. 아이들과 이 책을 읽으면서 환경오염의 심각
성을 알게 됐을 뿐 아니라 세계 곳곳에서 일어나는 다양한 문제
들 예를 들면, 지구 온난화 문제나 멸종, 전쟁과 난민 문제, 공정
거래, 편견과 차별 등 우리가 잘 알지 못했던 영역에 관심을 갖기
시작했다. 세계를 향한 문을 열고 들어가게 된 것이다. 우리는 자
연의 테두리에 하나로 연결되어 있고, 서로 영향을 주고받는다는
것을 알게 됐다.

현실을 직시하는 눈을 갖는 것, 모두가 안전하고 행복한 삶을 살기 위한 마음을 놓지 않는 것, 그래서 배움이 오직 나만을 위한 것이 아니기를 바란다. 책에서 세상을 만날 수 있다니 기대되지 않는가. 인간이 대자연의 일부로 세상과 공존하는 삶을 살길 꿈꾼다.

함께 읽을 책 고르는 세 가지 기준

독서 모임에 참여하는 아이들이 읽을 책을 고를 때는 아이들의 수준을 고려해서 너무 어렵지 않은 책을 골라야 한다. 동시에 재미가 있고 호기심을 자극할만한 책을 고르는 일에 정성을 쏟아야 하는데 너무 많은 기준을 따지면 부담스러울 수 있다. 그래서 나는 함께 읽을 책을 고를 때 다음과 같은 기준으로 선택했다.

[독서 모임의 함께 읽을 책 고르는 기준]
주제 선택하기
그림책으로 시작하기
주제와 연관된 다양한 장르의 책 읽기

주제 선택하기

중학교 국어 교육과정에서 제시한 '자아를 인식하고 타인과 교류하며 세계를 이해한다.'를 적용해서 '책으로 나를 만나다, 너에게 걸어가는 길, 세상을 보는 창'으로 주제를 정했다. 나에게서 시작한 이야기가 세계로 확대되는 구성이다.

'책으로 나를 만나다'는 나에 대해 생각해보는 시간이다. 나는 누구인지, 나는 무엇을 좋아하고 싫어하는지, 나의 강점과 약점이 무엇인지를 계속 고민하다 보면 '나'라는 정체성을 찾아가는 데 도움이 될 것이다. '나'가 온전히 설 수 있을 때 내 주변을 둘러볼 수 있지 않을까. 자신에 대한 고민과 성찰이 있을 때 아이들은 쑥쑥 자랄 것이다.

'너에게 걸어가는 길'은 나에 대해 탐색한 후에 시작하면 좋다. 책을 읽으며 수많은 '너'를 만나고 그들이 어떻게 관계를 맺고 있는지 간접 경험할 수 있다. 특히 사춘기에 접어들수록 '관계'는 아이들에게 중요한 문제가 된다. 친구, 가족뿐만 아니라 나를 둘러싸고 있는 다양한 관계를 떠올리며 그들을 어떠한 시선으로 바라볼 것인가를 나누려고 한다.

마지막으로는 '세상을 보는 창'이다. 우리가 살고 있는 곳, 그 너머에 대해 관심을 갖고 내가 몰랐던 세상의 모습이 상상 이상으로 다양하다는 것을 알기 바란다. 책을 통해 세상을 보고 내가 할 수 있는 일을 찾아가는 것이 어른이 되는 길일 것이다. 내가 소중한 것처럼 너도 소중하고, 우리가 사는 이 세계도 소중하다는 것을 알아가는 아이들을 기대하며 같이 이야기 나누고 싶다.

모임의 운영자가 독서 모임의 방향과 목적에 따라 주제를 선택하는 방법은 다양하다. 고전을 중심으로 운영할 수도 있고, 철학이나 역사 등 다양한 분야에서도 주제를 선정할 수 있다. 주제를 정한 뒤에는 책을 고르는 일이 남았다. 함께 읽을 책은 아이들이 고를 수도 있고 선생님이 정하는 방법도 괜찮다. 혹은 두 가지 방법을 적절히 섞어서 할 수도 있다.

나는 아이들이 읽을 책을 선정해서 소개하는 방법을 사용했다. 책 읽기를 시작하는 아이들이 책을 고르는 과정에서 어려움을 느낄 수 있기 때문이다. 책 선정할 때는 되도록 선생님이 먼저 직접 읽어보기를 추천한다. 그래야 자신 있게 아이들에게 책을 권할 수 있기 때문이다. 다 읽을 수 없다면 책의 일부만 읽어도 된다. 서점이나 매체에서 소개하는 추천 도서도 우리 아이들에게 적합하지 않을 수 있기 때문에 참고만 할 뿐이다. 추천 도서를 읽으면서 주제와 긴밀히 연관된 책인지 검토하고 아이들과 나눌 내용을 찾아본다.

새로운 독서 경험 그림책 읽기

　그림책을 보면서 글과 그림에 수다를 떠는 시간은 읽기를 어려워하거나 싫어하는 아이들에게도 자발적이고 긍정적인 독서 경험을 제공한다. 어렸을 때 읽었던 그림책의 익숙함과 친근함이 마음에 남아 있기 때문이다. 게다가 학교에 입학한 뒤로는 그림책을 본 경험이 거의 없기 때문에 호기심을 가지고 참여한다. 독서 모임에서 책을 읽고 활동하는 데 보통 1시간에서 1시간 30분 정도 계획했기 때문에 그림책으로 하는 경우 여유 있게 운영할 수 있다는 장점도 있다.

　그림책 이야기를 더 하자면, 아이들이 학교에 들어가기 전까지 읽는 그림책은 그 수준에 맞는 쉬운 단계의 책일 것이다. 하지만 모든 그림책이 영·유아만 대상으로 하는 것은 아니다. 많은 사람, 심지어 그림책을 읽어주고 있는 부모들도 그림책을 단순하고 유치하며 새로울 것이 없는 책으로 알고 있는 경우가 많다. 그래서 학교에 입학하면 그림책은 수준에 맞지 않는 책으로 여기며 보지 않게 된다. 내가 나이를 먹었어도 여전히 그림책을 읽는다고 하면 대부분은 잘 이해하지 못한다.

　하지만 그림책만큼 예술적이며 아름다운 책이 또 있을까. 그림책을 보고 읽는 것은 문학적 가치와 미적 가치를 느낄 수 있는 새로운 독서 경험이다. 그림과 글이 독립된 작품이면서도 서로 잘 어우러져 있어 또 다른 아름다움을 지니고 있다. 게다가 그림과 글이 부담스럽지 않는 분량이고 딱딱하지도 않다. 글과 그림 사이를 넘어 다니면서 표현의 아름다움에 매료되기도 하고, 감정이입을 통해 공감과 치유를 경험하기도 한다. 또 상당수의 그림책은 평범한 사물에 특별한 의미를 부여하여 새로운 관점을 제시하거나 삶에 대한 철학적 물음을 깊이 있게 담아내고 있다. 개인의 문제나 타인과의 관계뿐만 아니라 사회 문제에 관심과 참여를 제시하는 책도 많다. 어떤 이유든 나에게 맞는 그림책 한 권을 만나면 가슴이 두근거린다. 그렇게 발견한 그림책 한 권 한 권을 독서 모임을 시작하는 아이들과 나눠보자. 어렵지 않게 읽을 수 있다는 것 외에도 장점이 넘쳐나는 책이다.

다양한 장르의 책 읽기

그림책을 읽은 후에는 다양한 장르의 책으로 읽기 영역을 확장했다. 소설과 수필, 시를 다루며 문학의 여러 영역을 살폈고, 비문학도 읽었다. 가능한 모임 시간에 읽을 수 있는 분량의 책을 선택해서 미리 준비하도록 안내한다. 자기 책을 갖고 있는 경우는 그렇지 않을 때보다 독서 모임에 더 적극적으로 참여하기 때문이다. 책은 인터넷 서점이나 중고 서점에서 사기도 하고, 도서관에서 빌려 보기도 했다. 특히 중고 서점은 가격이 저렴해서 가장 자주 갔던 곳이다. 책 사러 서점에 가는 것도 정성이고 훈련이다. 그

렇게 발품 팔았으니 책을 아무 데나 두지 않는다. 집에 돌아갈 때
도 꼭 챙겨간다.

책은 모임 시간에 같이 모여 읽는다. 책을 미리 읽어 오는 방법
은 되도록 하지 않았다. 이제 책을 잡기 시작한 아이들이 숙제로
여겨 부담스러워했고, 책을 막 읽고 난 뒤에 떠오르는 생각과 느
낌을 붙잡아두기 어렵기 때문이다. 그래서 때로 그 시간에 책을
다 읽기 어려울 때는 책을 일정 분량으로 나누어 발췌독 하거나
여러 차시로 나누어 읽었다.

읽는 것도 다른 운동처럼 훈련이 필요해서 아이들의 눈높이에
맞춰서 읽을 수 있도록 안내해야 한다. 가르칠 계획도 중요하지
만 아이의 수준과 관심, 집중하는 정도가 모두 다르기 때문에 책
읽는 길목마다 세밀하게 살피는 눈과 마음이 필요하다.

책을 다 읽고 나면 질문을 공유하며 답을 주고받는 과정이 있
다. 듣기와 말하기를 하며 몰랐던 점을 발견하고 깨달음을 얻는
것이다. 눈으로만 읽었으면 스쳐 지나쳤을 부분이 대화하는 동안
새롭게 와 닿는다. 이게 바로 함께 읽기가 좋은 이유이다.

[독서 모임에서 함께 읽은 책들]

모임 주제	함께 읽은 책 목록		
책으로 나를 만나다	행복한 여우	아름다운 실수	가드를 올리고
	난 내가 마음에 들어	꿈을 지키는 카메라	청소년 마음 시툰 – 안녕, 해태 1,2,3

너에게 걸어가는 길	탄 빵	독수리와 굴뚝새	수	야, 춘기야
세상을 보는 창	연남천 풀다발	오늘, 작은 발견	지구를 살리는 기발한 물건 10	

아이들이 독서 모임에 오는 이유

아이들은 학교에서 제시하는 책을 읽고 독후감을 쓰거나 독서 감상문 대회에 참가한다. 또는 독서·토론·논술을 묶어서 가르치는 사교육을 경험한다. 모두 학습 혹은 과제라는 느낌을 준다. 그런데 친구들과 함께 책으로 놀기라니 책 읽기를 평가나 시험과 관련이 없는 기분 좋은 경험으로 받아들인다. 아이들이 책을 읽고 이야기하는 시간을 부담과 걱정이 없는 즐거운 놀이로 이해하면 대부분 고개를 끄덕인다.

독서 전에도, 독서 중에도 책 놀이

책 놀이는 구성원의 친밀감을 높여 독서를 하는 데 긍정적으로 작용한다. 또 책 읽고 싶은 마음을 불러일으킨다. 『책으로 행복한 북적북적 책 놀이』는 "책 놀이란 책을 읽고 책의 내용과 관련된 놀이 활동을 하거나, 책이 매개가 되어 다양한 경험을 하는 것"이라고 정의한다. 책 읽기가 놀이처럼 재미있다면 책을 읽기 싫어하거나 어려워하는 아이들이 독서에 흥미를 느낄 수 있을 것이라고 말한다. 그러면서 독서 과정을 독서 전, 독서 중, 독서 후로 나누고 각 단계마다 쉽게 따라 할 수 있는 다양한 책 놀이를 제시하고 있다.

『아름다운 실수』(코리나 루이켄, 나는별)는 독서 전 책 놀이를 하기 좋다. 책을 읽기 전에 도미노 게임, 할리갈리, 젠가 같은 실수를 자주 하게 되는 놀이를 하면 분위기가 유쾌해질 뿐만 아니라 책의 주제와 자연스럽게 만나게 된다. 실수를 경험한 후에는 기분이 어땠는지, '실수'하면 무엇이 떠오르는지 나누며 책을 읽어보자. 실수가 아름답다는 글쓴이의 목소리가 훨씬 와 닿을 것이다.

독서 중간에도 놀이를 할 수 있다. 이때 하는 놀이는 독서에 대한 이해를 돕는다. 또 친구들과 경쟁하기도 하고 협력하면서 읽기에 몰입할 수도 있다. 예를 들어, 글을 읽을 때 ○×문제 풀며 읽기, 소리 내어 읽기, 돌아가며 읽기 등 다양한 방법으로 읽는 것이다. 매번 '읽어야' 하는 익숙한 테마를 조금씩 바꿔가며 연주할 때 지루할 틈이 없는 변주곡이 만들어지는 것처럼 조금씩 다르게 읽기를 시도해보자.

모임의 마무리가 꽃이다

활발히 책 산책을 마치고 돌아올 때는 마무리를 잘해야 한다. 그렇지 않으면 놀다간 기억만 있기 때문이다. 그래서 나는 이 마지막 활동을 가장 공들여서 한다. 때로는 꽤 근사한 분위기를 내보기도 하는데, 쉽고 효과가 만점이었던 방법은 스마트폰을 이용한 것이다. 스마트폰 라이트를 켜고 종이컵을 씌워놓으면 괜찮은 조명 하나가 만들어지는데 스마트폰 라이트를 여러 개 사용하면 훨씬 멋진 공간이 된다. 불빛이 따뜻하고 은은해서 아이들이 좋아한다.

모임의 마무리는 소감 나누기로 한다. 차분한 목소리로 책을 읽고 알게 된 점이나 느낀 점을 말하는 것이다. 때로는 소감을 쓰기도 한다. 이렇게 자신이 배운 것을 표현하는 순간, 뿌듯함을 발견한다. 이 시간에 우리가 배운 것을 곰곰이 되새기며 허투루 보내지 않았음을 알고 기뻐하는 것이다.

즐거운 마음으로 매듭짓고 떠난 자리에 행복한 기억이 또 하나 생겼다.

별 스티커로 기여하기

별 스티커는 사실 칭찬 스티커다. 일정량을 다 모으면 상을 받을 수 있는 스티커. 나는 유치하지만 중독성이 있는 이 칭찬 스티커를 적극 활용했다. 왜냐하면 독서 모임이 친구와 함께 협력하면서 문제를 해결하는 즐거움이 있는 곳이기를 바랐기 때문이다. 그러기 위해서는 칭찬이 필요했다. 칭찬으로 '네가 노력한 점을 인정한다.'는 것을 보여주고 싶었다.

별 스티커는 아이들이 직접 떼서 붙인다. 아이들은 자신의 스티커로 모둠에 기여한다. 자신이 노력한 점을 인정받는 동시에 모둠 전체에서 모아야 할 스티커에 자신의 것을 보태는 것이다. 그러니 별이 늘어날수록 아이들은 신이 난다. '우리가 힘을 모아서 스티커를 100개 모았을 때, 뭐하고 싶니?'라고 내가 물으면 하고 싶은 게 끝도 없이 쏟아진다. 그래서 100개를 모은 그날을 위해 열심히 하는 아이들을 위해 별 스티커를 잊지 않고 준비한다. 내가 나를 중요한 사람이라고 생각할 수 있도록, 우리가 서로 영향을 주고받는 소중한 관계임을 알도록 말이다.

우리만 아는 이야기, 놀 땐 놀기

아이들은 책을 읽고 대화를 나누거나 글을 쓰는 활동에 참여한다. 이 모든 과정을 성실히 수행하려면 엄청난 집중력이 필요하다. 그래서 1시간 또는 1시간 30분 동안 수업을 운영하는 중간에 쉬는 시간을 둔다. 일부러 그렇게 한다. 힘을 다 썼으면 다시 모아야 하는 시간이 필요하기 때문이다. 쉬는 시간에 아이들은 잠시 집중하고 있었던 일에서 완전히 벗어난다. 꿀맛 같은 휴식이다. 서로 어울려 짧지만 열심히 논다. 그 사이 나도 쉰다. 이때는 아이들에게 거의 말도 하지 않고, 차분히 다음 순서를 살피며 준비한다. 쉬는 시간이 끝날 때쯤 아이들이 더 놀게 해달라고 조를 것 같지만 그렇지 않았다. 잠시 쉬고 난 뒤 다시 모이면 아이들은 또 열심히 수업에 참여한다. 집중과 휴식이 절묘하게 연결되어 있을 때 몰입할 수 있다.

이렇게 전반전과 후반전을 잘 달려온 선수들에게 매력적인 보상이 있으니 바로 수업 끝난 뒤 놀기다. 수업 끝난 뒤 노는 시간은 모둠 구성원과 부모님 모두의 의견을 모아서 결정한다. 놀 때는 스마트폰 게임을 제외한 놀이를 한다. 모두 밖으로 나가서 동네를 한 바퀴 돌거나, 보드게임을 꺼낸다. 아이들이 놀다가 집으로 돌아갈 때쯤 마음에 무엇이 남아있을까? 그런 마음을 심어주기 위해 나는 무엇을 했을까? 확실한 것은 우리는 집중과 몰입, 쉼과 놀이에 적극적으로 참여해서 수업의 질과 양 모두 놓치지 않았다는 것이다. 서로의 의견을 반영해서 모두가 모임의 주체자가 되었다는 것이다. '선생님, 다음 모임은 어디에서 해요?'를 확인하고 가는 아이들의 발걸음은 다음 모임을 벌써 기다린다. 할 땐 하고 놀 땐 놀기가 있는 시간, 우리만 아는 이야기이다.

아이의 성장, 함께 독서의 힘

독서 모임에서 함께 성장하기

책을 혼자서 끝까지 읽은 것, 온전히 다 읽었다고 말할 수 있을까? 나는 자기 생각을 만드는 과정도 중요하지만 서로 다른 생각을 주고받을 때 진정한 배움이 일어난다고 생각한다. 막연하게 생각했던 것들이 또렷해지면서 작품의 의미를 깊고 풍부하게 이해할 수 있다.

독서 모임에서 함께 책을 읽고 나누었던 것들이 아이들에게 어떤 영향을 끼쳤을까? 가장 중요한 것은 우리 모두 성장했다는 것이다. 아이들의 성장을 돕고 지켜보며 함께할 때 나도 성장했고, 아이들도 천천히, 그러나 분명히 사신의 생각을 이야기할 수 있게 되었다. 느낌과 생각을 공유하면서 지지와 협력을 경험했고 그것은 유쾌한 것이었다.

앤은 단숨에 뛰어가 린드 부인 앞에 섰다. 화가 나서 얼굴이 빨개진 채 입술을 부르르 떨며, 앤은 머리부터 발끝까지 가냘 픈 몸을 부들부들 떨고 있었다. 앤은 목멘 소리로 발을 구르 며 외쳤다.

"난 아주머니가 미워요. 미워, 미워, 미워!"

앤은 한 마디 한 마디 할 때마다 더욱 세게 발을 쾅쾅 굴렀다.

"어떻게 저한테 빼빼 마르고 못생겼다고 할 수 있어요? 어떻 게 주근깨투성이 빨간 머리라고 할 수 있난 말이에요? 아주 머니는 예의도 없고 무례하고 감정도 없는 사람이에요!"

『빨간 머리 앤』(루시 모드 몽고메리)

『빨간 머리 앤』을 아이들과 같이 읽다가 '앤이 왜 화가 났을까' 를 두고 다양한 이야기가 오간다. 그리고 계속해서 이어진 다양 한 질문들.

화가 난 앤은 어떻게 말하고 행동했는가?

나는 언제 화가 나는가?

화가 났을 때 나는 어떻게 하면 될까?

화가 날 때 다독일 수 있는 나만의 방법은 무엇인가?

———◆———————◆———

어쩌면 그냥 흘려보냈을 사소한 장면 하나를 깊게 파고들면서 초점이 점점 자신에게로 향한다. 그렇게 아이들이 풀어낸 자기만의 이야기는 친구들의 이야기와 비슷하기도 하고 다르기도 하다는 것을 알게 된다. 그리고 모든 이야기들이 합쳐지면서 우리가 배운 것이 훨씬 단단해진다. 그러니 작품에서 얻은 깨달음과 지혜로 삶을 좀 더 정성껏 대하지 않을까?

제각각 특별한 빛깔의 옷을 입었지만 한데 어울려 더 아름답게 빛날 우리 아이들을 응원한다. 앞으로도 독서 모임을 하며 책을 즐겁게 읽기를 바란다. 어디에서도 경험할 수 없는 다독임, 그것이 설렘이 되어 아이들 마음 깊숙이 단단히 뿌리내리길. 그래서 자기 속도로, 자기 방향으로 올곧게 성장하길.

내 아이 이야기

독서 모임을 시작할 때 '아이가 부담스럽게 느끼지 않을까. 나는 엄마이면서 동시에 선생님인데 아이를 어떻게 대해야 할까'가 고민이었다. 하지만 2년을 아이와 함께 독서 모임 하면서 아이가 책을 꾸준히 읽은 것은 물론 그 애와 훨씬 가까워질 수 있었다. 처음에는 책을 좋아하고 스스로 찾아 읽기를 바랐지, 관계가 돈독해지리라는 것은 크게 기대하지 않았다. 아이가 나와 친밀해진 이유가 뭘까 가끔 생각한다. 그러다 혼자 피식 웃고 만다. 아무래도 나의 꼼꼼하지 못한 성격인 것 같다.

나는 아이를 특별히 대하지 않았다. 다른 아이들과 함께 내 아이를 두고 독서 모임을 할 때 일부러 특별히 대하지 말아야겠다고 다짐한 것이 아니다. 그럴 겨를이 없었다. 나의 관심은 온통 아이들에게 있었다. 내 아이도 아이들 중 하나였으니 그냥 통으로 대접받았다. 내 아이의 말과 행동, 글쓰기 실력에 따라 불러 말할 꼼꼼함이 내겐 없었다. 그런데 오히려 그런 대접이 아이는 편했나 보다. 엄마가 자신의 글을 보고 잘 썼네, 못 썼네 말하지 않은 것에서 자유로움을 느꼈던 것 같다. 가끔 교사의 눈이 작동해서 아이들의 글을 마음대로 손질하고 싶은 충동을 느낄 때도 있었지만, 그게 나의 목표가 아니었기에 곧 마음을 접었다.

아이가 숨 쉴 공간이 있었던 것, 내 아이를 주목하지 않았던 것이 우리가 잘 지낼 수 있었던 이유였다.

나의 사춘기 『야, 춘기야』를 읽고 (배재웅)

이번에 우리는 『야, 춘기야』를 읽고 ORID질문법으로 질문을 만들었다. 우리가 만든 질문은 거의 20개나 되었다. 각자 자신이 만든 질문을 친구들에게 읽어주고 모두가 돌아가며 자신의 생각을 말했다. 처음에는 문제 만드는 데도 한참, 푸는 데도 한참이나 걸렸지만 중간 중간 재미있는 답을 말하는 친구가 있어서 활동을 잘 마무리할 수 있었다.

'하고 싶은 일과 해야 할 일 중에 무엇을 먼저 하는 편인가?'에 대한 나의 답은 '주로 하고 싶은 일부터 한다.'이다. 하고 싶은 일을 충분히 했을 때 마음속에 에너지가 꽉 찬 느낌이 좋기 때문이다. 가끔 해야 할 일을 미루는 바람에 후회를 할 때도 있지만, 그래도 하고 싶은 일은 나에게 중요하다. 이 이야기에서도 예린이가 해야 할 일보다 하고 싶은 일에 공을 더 들이기 때문에 엄마와 사이가 별로 좋지 않다. 그런 예린이를 엄마는 걱정스러워하고 혼내기도 한다. 예린이는 그런 엄마가 밉기도 하고 함께 있었으면 하는 마음도 있다. 하지만 언제나 자신의 속마음을 감춘다. 가끔은 외롭기도 하고, 엄마의 사랑을 받고 싶기도 한 예린이와 내 마음이 비슷할 때가 있어서 예린이의 마음을 알 것 같다. 나도 엄마 아빠께 내 속

마음을 얘기하는 게 쉽지 않다. 그래서 때로는 부모님이 나를 답답해하신다.

예린이와 엄마의 사이가 좋지 않을 때 외할머니가 집에 오신다. 외할머니는 엄마의 어렸을 때 이야기를 예린이에게 들려주고 예린이의 마음을 다독여주신다. 그때 '예린아, 네가 하고 싶은 것은 다 해 보렴. 그런데 사과는 오랫동안 충분히 익어야 달고 맛있단다. 햇빛도 맘껏 쬐고 별빛도 맘껏 받고 비도 맞고 바람도 받고 이슬도 먹고.'라는 말씀을 하신다. 나는 이 말이 우리가 자라면서 힘들 때도 있고, 좋을 때도 있지만 모든 경험이 중요하다는 뜻인 것 같다.

나도 이제 사춘기가 시작됐다. 예린이랑 비슷한 점이 있어 공감되는 부분이 많다. 나에게도 힘든 순간이 있을 것이다. 부모님이랑 사이가 좋지 않을 수도 있고, 불안하거나 걱정되는 일도 많을 것이다. 그럴 때 사과가 오랫동안 충분히 익어야 달고 맛있다는 말처럼 나도 충분히 견디며 멋지게 사춘기를 보내고 싶다.

1. 새로운 독서 모임을 위해 도움이 될 만한 추천 책

그림책 생각놀이, 그림책사랑교사모임(교육과실천, 2020)

그림책 수업을 꾸준히 해온 초·중등 교사가 함께 쓴 책으로 43권의 그림책과 각 책에 어울리는 생각 놀이를 '기억 놀이, 이해 놀이, 적용 놀이, 분석 놀이, 평가 놀이, 창의 놀이'로 나누어 다양하게 담고 있다. 그림책과 연계해서 활용할 수 있도록 쉽고 간결하게 제시되어 있어 그림책을 처음 접할 때 도움이 된다. 이 책에서 소개한 그림책을 독서 모임에서 해보는 재미와 조금씩 보완하며 자기만의 방식을 만들어 가는 즐거움이 있을 것이다.

그림책으로 시작하는 마음공부, 심선민(프리뷰, 2018)

부제가 '내 안의 나를 사랑하게 해주는 독서치유 교실'이다. 저자는 그림책을 통해 억압된 감정들 즉, 두려움, 분노, 걱정, 불안, 자존감 등에 직면하고 치유할 수 있도록 안내한다. '내 안의 나와 마주하는 시간, 우리는 관계 속에서 성장한다, 마음을 다스리니 비로소 보이는 것들, 지금 이대로 서로를 아끼고 사랑하는 방법'을 주제로 심리적 건강을 위한 다양한 그림책을 소개한다. 함께 나누면 좋을 '마음공부 노트'에는 깊이 있는 질문이 담겨 있어 활용하기 좋다. 더불어 함께 읽으면 좋을 책과 영화도 엿볼 수 있는 책이다.

초등 글쓰기 비밀수업, 권귀헌(서사원, 2019)

이 책은 자신의 아들과 친구들에게 글쓰기 수업을 한 아버지의 이야기이다. 나와 비슷한 경험을 하고 있는 사람이 여기 또 있었다! 글쓰기에 대한 교육 철학과 구체적인 글쓰기 지도 방법이 가득한 책으로 글쓰기 싫어하는 아이들도 빠져들게 만드는 글 놀이 10가지를 비롯해 글 놀이를 통해 향상되는 능력도 자세히 설명한다. 이 책을 통해 '즐겁게, 자유롭게, 쓸 수 있게'가 글쓰기를 성공할 수 있는 방법이라는 것을 알게 되었다. 내가 만나는 아이들도 즐겁고, 행복하고, 성장하기를 바란다.

중1 독서습관, 유형선·김정은(사우, 2019)

가족이 함께 책을 읽는 이야기를 담았다. 누구나 이런 멋진 일을 계획하지만 실천은 늘 어렵다. 그럼에도 저자들은 중학생 자녀와 함께 인문학 책을 읽는다. 그리고 토론을 한다. 자녀와 함께 책을 고르고, 시간을 정해 가족이 함께 독서 토론하는 과정을 따라가다 보니 그 안에 존중과 사랑이 가득함을 발견한다. 특히 '책과 멀어진 아이 다시 책을 읽게 하는 다섯 가지 방법'은 독서 모임을 시작할 수 있을 것 같은 자신감을 심어준다. 이 가족이 독서 모임을 통해 얻은 즐거움을 우리도 누리면 좋겠다.

사서도사가 뽑은 초등 한 학기 한 권 읽기 추천 도서 100
한 학기 한 권 무엇을 읽을까, 북토크톡 서울 초등 사서교사 연구모임(학교도서관저널, 2020)

최근에 나온 한 학기 한 권 읽기 책이다. 초등 교육과정을 고려해서 한 학기 한 권 읽기를 위해 어떻게 읽으면 좋은지, 무엇을 읽으면 좋을지 다양한 각도에서 설명한다. 특히 문학과 비문학으로 나누어 수업 방향과 독서 활동을 안내하고 있는 점이 인상적이다. 쉽고 간결하게 방대한 책을 소개하고 있어서 독서 모임의 목적에 맞게 사용할 수 있다.

수업에 바로 쓰는 독서토론 길잡이, 김길순 외 4명(학교도서관저널, 2018)

저자들은 중학교 도서관 사서로 근무하며 독서토론연구동아리에서 연구를 이어오고 있다. 이 책도 연구 결과물 중 하나다. 최근에 발행된 청소년 문학 중에서 청소년의 고민과 성장을 다루는 책 20권을 선정하고 '나, 가족, 우정, 인생, 용기'라는 주제로 자세하게 소개하고 있다. 토론을 위한 준비부터 바로 활용할 수 있는 발문 자료를 단계별로 제시하고 있어서 토론 수업에 유용한 책이다.

독서 모임 꾸리는 법, 원희나(유유, 2019)

저자가 200회가 넘는 다양한 독서 모임을 꾸리고 운영한 이야기를 담은 책으로 독서 모임 만드는 방법과 모임을 준비하고 운영하는 방법 등을 소개한다. 나는 '더 재미있게 독서 모임 하는 법'에서 많은 아이디어를 얻었다. 미처 생각하지 못한 다양한 주제와 방법으로 꾸린 사례들이 담겨 있어서 앞으로 이런 독서 모임을 꾸리고 싶다.

처음 시작하는 독서동아리, 김은하(학교도서관저널, 2016)

자유학기제부터 동네 책모임까지 누구나 쉽게 독서동아리를 만들고 운영하는 방법이 가득 담긴 책이다. 독서동아리에 대한 전반적인 내용을 콕콕 집어주는 것은 물론 실제 활용할 수 있는 다양한 양식이 수록되어 있다. 또 국내외 다양한 독서동아리의 사례와 아이들이 주체적으로 친구들과 함께 읽을 책을 정해 독서동아리를 만들 수 있다는 이야기가 참신하고 유익하다. 새로운 독서 모임을 준비하고 있다면 이 책에서 많은 정보를 얻을 수 있을 것이다.

2. 새로운 독서 모임을 위해 도움이 될 만한 추천 사이트

청소년 책 추천
https://bookteen.net/

한국 최초의 청소년 독자 사이트
2020년 1월에 문을 열었다. 특이한 점은 원하는 주제의 책을 찾아달라고 요청할 수 있다는 것이다. 청소년의 관심에 맞는 책을 소개하며 아주 쉬운 책부터 다양한 수준과 관심, 장르의 책을 고르기 쉽게 안내하고 있다.

인디고서원

http://www.indigoground.net/

부산에 위치한 청소년을 위한 인문학 서점
청소년의 올곧은 시대정신과 세계관을 돕는 책을 추천하는 곳으로 유명하다. 여기에서 추천하는 책은 믿고 볼 만큼 책 선정에 정성을 기울인다. 특히 이달의 추천 도서와 주제별로 여러 권의 책을 묶어 추천하는 인디고서원에서 행복한 책읽기를 소개하고 싶다.

책씨앗

http://bookseed.kr/

작가, 도서관, 독자, 출판사, 서점이 함께 만드는 독서 문화 플랫폼
월간 책 씨앗을 발행하며 초등 교과연계 추천 도서뿐 아니라 다양한 독후활동 자료도 제공하고 있다. 또한 책씨앗 큐레이터가 매달 엄선한 추천 도서와 신간 도서, 주제별 도서목록을 만날 수 있다.

아침독서신문

http://www.morningreading.org/

어린이와 청소년을 위한 독서 운동 기업
매일 아침 독서 운동의 중요성을 소개하며 이를 위한 추천 도서를 제공한다. 월간 그림책과 아침독서를 펴내 함께 읽으면 좋을 그림책과 어린이·청소년을 위한 책을 선정하고 자세히 안내한다.

국립어린이청소년도서관

https://www.nlcy.go.kr/index.do

어린이와 청소년을 위한 국립도서관
국내에서 가장 많은 양의 어린이 및 청소년 관련 도서와 자료를 소장하고 있다. 이외에도 꿈창작실, 어린이자료실, 희망창작실, 연구자료실, 전시실 등 다양한 도서관 프로그램 및 온라인서비스를 제공한다.

책따세

https://www.readread.or.kr/

교사들의 열정이 담긴 도서추천 사이트
2000년부터 현재까지 매년 청소년의 눈높이에 맞는 적절한 추천 도서를 선정하기 위해 전·현직 교사들로 운영진을 구성했다. 3개월 이상 책을 꼼꼼히 읽고 만장일치로 추천하는 까다로운 과정을 거쳐 양서를 선정하여 발표하고 있다는 점이 눈에 띈다.

북스타트 코리아
https://bookstart.org:8000/

지역사회 문화운동 프로그램
초등·청소년 북스타트는 어린이와 청소년이 책과 만날 수 있도록 책을 선정하여 책꾸러미를 지원하고 추천도서 목록을 제공한다. 또 책모임을 원하는 사람들에게 책모임 방법과 독서토론방법, 책 선정 방법에 대해 워크숍을 지원한다.

어린이도서연구회
http://www.childbook.org/new3/index.html

어린이 책을 연구하고 바람직한 독서문화를 가꾸기 위한 단체
월간 동화읽는어른을 통해 어린이가 평생 독자가 될 수 있도록 돕는 곳이다. 그래서 어린이와 청소년이 책을 좋아하며 자랄 수 있도록 해마다 좋은 어린이 책을 골라 소개하고 있다. 더불어 새로 나온 책과 이달의 책을 추천하며 이 밖에도 다양한 정보를 얻을 수 있다.

학교도서관저널
www.slj.co.kr
학교도서관 활성화를 위한 학교도서관저널 창간

학교도서관저널을 펴내고 있으며 학교도서관이 공교육을 제대로 세울 수 있다고 보고 책과 독서, 도서관 활성화를 위해 일한다. 도서추천위원회에서 좋은 책을 가려 뽑아 추천하고 있다.

그림책 박물관
http://www.picturebook-museum.com/

그림책 전문 추천 사이트
작가별, 출판사별, 나라별, 주제별, 연령별, 시리즈별로 나누어 그림책 정보를 제공한다. 또한 칼테콧상을 비롯해서 수상작만 모아 소개하고 있으며 해외 원서와 번역 그림책을 소개한 것이 인상적이다.

PART 2

독서 모임을
위한 실전 정보

제3장

사춘기 독서 레벨 올리는
실전 접근법

천천히, 깊이 읽기

책을 천천히 읽는다는 것은 글자를 천천히 읽는 속도가 아니라 글 안에 담긴 작가의 생각과 의도, 내용을 제대로 이해하며 읽는다는 것이다. 책을 읽다가 잠시 멈춰 서서 작가가 들려주는 이야기에 귀를 기울이며 진실한 마음으로 책을 만나는 것, 그것이 책을 천천히 읽기라고 말할 수 있다.

아이와 함께 책을 읽던 때가 떠오른다. 부모는 아이가 편안함을 느낄 수 있는 목소리로 아이와 이야기를 나누며 읽는다. 아이가 이해하는 속도에 맞춰 함께 책을 읽는다. 책을 읽는 동안 우리는 이야기의 주인공을 좋아하고, 상상하고, 문제에 대한 도움을 얻기도 한다. 책과 온전히 만나는 것이다. 이것이 책을 천천히 읽은 보람이다.

아이가 자라면서부터 책을 읽어야 한다는 의무와 많은 문제를 풀어 좋은 점수를 얻어야 한다는 압박에 독서의 즐거움을 놓치기 쉽다. 편안하고 즐거운 마음으로 책을 읽지 못하고 빨리 읽어버리는 속독이라는 방법을 선택하기도 한다. 속독은 책 천천히 읽기와는 달리 쉽고 편하게 읽는 방법이다. 내용을 제대로 이해하거나 깊이 생각하지 않아도 된다. 책을 어떻게 읽느냐보다 얼마나 읽었는가에 초점을 맞추기 때문에 그동안 읽은 책 더미에 한 권 더 얹을 뿐이다. 책에 몰입하지 못한 채 눈으로 글자들을 따라갈 뿐, 표현의 아름다움도 공감과 사유의 과정도 만날 수 없다. 책을 덮자마자 무엇을 읽었는지, 느낀 것은 무엇인지 떠올리기가 어렵다는 것이다. 독서량이 읽기 능력을 끌어올릴 수 있다는 기대가 오히려 속독이라는 나쁜 독서 습관을 갖는 결과를 가져올 수 있다.

그래서 독서 모임에서 중요하게 다루어야 할 과정이 바로 '읽기'이다. 아이들에게는 자신만의 읽기 습관이 있다. 제각각 읽기를 실행하는 기술이 다르다는 것이다. 그래서 독서 모임 할 테니 '책을 읽어 오세요.'라는 말은 읽기는 너희들이 알아서 할 수 있으니 '해 오라'는 것이 된다. 독서의 시작이 읽기인데 읽기는 각자 알아서 하고 그다음부터 같이 하자는 것은 정말 중요한 과정을 놓치는 것이다. 그래서 아이가 읽기에 부담을 느끼지 않으면서 자신의 읽기 습관을 점검할 방법, 바로 천천히 읽기다.

책 천천히 읽기는 '눈으로 천천히 읽으세요.'라고 해서는 보다 넓고 깊게 읽기를 기대하기 어렵다. 그래서 책의 성격과 수업 주제에 따라 읽기에 집중할 수 있는 방법을 고민해야 한다. 다양한 읽기 방법을 적용한다면 아이들이 흥미와 호기심을 가지고 책에 몰입하여 읽을 수 있고, 정교하게 읽는 데 도움이 될 것이다. 또 읽기에 참여한 아이들이 성취의 기쁨을 누릴 수 있는 가능성이 높아진다.

이야기 나누며 읽기

책을 천천히 읽기 위해 가장 쉬운 방법은 이야기를 나누며 읽는 것이다. 본격적으로 책을 읽기 전에 표지를 보면서 이야기를 나눈다. 『탄 빵』이라는 책은 처음부터 호기심을 불러일으키기에 좋은 책이다. 빵 가게에서 빵을 종이봉투에 담아 주는 것처럼 이 책도 종이봉투 안에 들어 있다. 이 책을 "읽어봐."하고 주면 곧장 책장을 열 것이다. 그 짧은 사이에 아이들은 책이 왜 종이봉투에 들어있는지 깊게 생각할 여유가 없다. 또 주인공들이 벌이는 일에 크게 공감하기가 어렵다. 대신에 책을 살짝 꺼내면서 "무슨 내용일 것 같아?"라고 물어보자. 표지와 다음 페이지의 면지를 보며 책 이야기에 관심을 갖게 될 것이다.

"그래, 탄 빵이 중요해 보이지? 이제 탄 빵 이야기 시작해보자. 여기 등장인물이 나오네. 모두 5마리구나. 아니, 여기 거북이가 또 있네."

그림책의 경우는 글과 그림 사이의 여백이 있어서 할 이야기가 많다. 상상하며 대화를 주고받는 것을 작가가 의도한 것일까. 장면마다 아이들의 생각을 물을 공간이 곳곳에 숨어 있다. 이때 너무 가르치려고 하지 말고 아이의 생각과 느낌을 공감하는 정도면 좋다. '어떻게 생각해?', '이건 무슨 뜻일까?', '왜 이렇게 그렸을까?' 하고 가볍게 물어보면 된다.

글과 그림에 우리들의 대화가 덧붙여졌을 때 그림책이 우리 안에 더 깊이 들어오는 것은 당연하다. 내용을 이해할 뿐만 아니라 책이 내 마음에 들어올 수 있도록 초대하는 과정이 바로 이야기 나누며 읽기이다.

역할 정해 읽기

역할 정해 읽기는 아이들이 좋아하는 읽기 방법이다. 예상치 못한 재미가 많기 때문이다. 『독수리와 굴뚝새』에는 다양한 새들이 등장한다. 종달새, 비둘기, 독수리, 올빼미, 타조, 올빼미, 굴뚝새를 포함해서 해설자와 음향 효과 담당도 만들어두면 곧 각자 맡은 역할에 푹 빠져 새를 흉내 내며 읽는다. 책 읽는 내내 서로의 목소리를 들으며 깔깔대고 웃는 시간. 모든 아이가 역할을 맡아 참여할 수 있고 책 읽는 기쁨을 누릴 수 있다. 선생님은 옆에서 지켜보기만 하면 된다는 여유도!

메모하며 읽기

지식과 정보의 양이 많은 경우 메모하며 읽기는 좋은 방법이다. 책을 읽는 중에 이해가 안 되거나 궁금한 점을 메모하며 읽는 것이다. 궁금했던 점은 책을 읽는 과정에서 깨닫는 경우도 있고 정보를 더 찾아보며 지식을 정교화 할 수 있다. 또 지식의 양을 체계화하여 핵심 내용을 파악하며 읽을 수 있는 효과가 있다. 책을 다 읽은 후에 메모하는 것은 인상 깊었던 내용이나 새롭게 알게 된 사실, 중요하다고 생각되는 부분을 기록함으로써 내용을 기억하는 데 도움이 된다.

질문 만들며 읽기

글의 분량이 길거나 더 깊게 읽고 싶은 경우에는 질문하며 읽기를 하면 도움이 된다. 책을 읽기 전, 읽는 중, 읽은 후 모든 과정에 활용할 수 있는데 읽기 전에 하는 질문은 책 내용을 예측하는 활동이고 읽는 중에는 질문하며 내용을 확인할 수 있다. 읽은 후에 질문을 만드는 것은 공감과 성찰을 이끌어내는 중요한 역할을 한다.

아이들에게 질문을 만들어 보라고 하면 처음에는 대부분 어려워한다. 그리고 방법도 잘 모른다. 주어진 문제에 답을 찾는 경험은 많이 했지만 자기의 생각을 꺼내는 연습은 많이 못 해봤기 때문이다. 질문하는 것이 익숙해질 수 있도록 차근차근 단계에 맞춰 만들어 보면 좋다. 아이들이 질문하는 과정에서 상상력과 사고력뿐만 아니라 사람과 세상을 공감하는 마음이 성장할 것이다. 질문 만들기를 위한 여러 방법 중에 ORID 질문법을 소개하려고 한다. 이 방법은 각 단계에 따라 질문 만들기 유형이 명확해서 익히기 수월하다.

각 단계별로 살펴보자.

단계 1.

책을 읽으며 책 속에 있는 사실을 기반으로 질문을 만든다. 이 질문에 대한 정답이 작품 속에 분명히 존재하기 때문에 질문을 만들며 줄거리를 파악할 수 있다. 책을 읽다가 중요한 사건이나 인물에 관한 질문을 만들어 본다. 예를 들어 김옥의 작품 「야, 춘기야」에서 '주인공의 실제 이름은 무엇인가?', '할머니는 춘기에게 뭐라고 말씀하셨는가?' 등의 질문을 만들 수 있다.

단계 2.

첫 단계의 질문 만들기를 했다면 다음으로 작품 속 인물과 상황에 따른 감정을 추측하는 질문을 만든다. '춘기가 혼자 있을 때 어떤 느낌이었을까?'와 같은 유형의 질문이다. 이 질문을 만드는 동안 등장인물의 느낌과 기분을 추측해보거나 갈등의 원인과 해소 과정을 폭넓게 이해할 수 있다.

단계 3.

세 번째는 작품의 의미와 가치, 의도를 파악하는 질문 만들기이다. '춘기에게 왜 이런 일이 일어났을까?', '할머니께서 하신 말씀의 의미는 무엇일까?'와 같이 작품에 내재 된 의미를 발견하는 데 초점을 둔다. 이 단계에 해당하는 질문을 만드는 동안 다양하게 생각하는 힘을 기를 수 있다.

단계 4.

네 번째는 작품의 이야기를 나에게 적용하여 실천할 수 있는가를 묻는 단계이다. 그래서 의사 결정이나 행동을 유도할 수 있는 질문을 만들면 된다. '내가 실천할 수 있는 것은 무엇인가?', '나라면 어떻게 결정할 것인가?'와 같은 질문 만들기를 통해 작품을 읽고 새롭게 알게 된 것을 묻는다.

발췌독 하기

책 중에는 처음부터 순서대로 읽어야 하는 책만 있는 것은 아니다. 발췌독은 주제에 따라 다양한 사례를 제시했거나 시간의 흐름에 따라 이야기하는 서사적 성격이 아닌 글에서 가능하다.

특히 읽어야 할 분량이 많아 아이들이 부담을 느낄 수 있겠다는 판단이 들 때는 발췌독을 권한다. 발췌를 할 때는 먼저 책의 목차를 살피며 자신이 흥미를 느끼는 주제를 선택한다. 아이들이 자신의 읽기 수준과 관심사에 따라 자유롭게 골라 읽을 수 있기 때문에 대부분 잘 읽는다. 또한 관심이 있는 분야에서 시작해 책을 읽어 나갈 수 있는 장점이 있다.

공감하며, 듣기와 말하기

독서 모임은 같이 책을 읽기만 하는 것이 아니라 듣기와 말하기를 한다. 이때의 듣기와 말하기는 의사소통의 도구이자 독서의 결을 매끄럽고 풍부하게 다듬는다. 그래서 책을 읽기 전이나 읽는 중, 읽은 후 언제든지 듣기와 말하기를 하며 서로의 생각을 나누고 의견을 모은다. 혼자 조용히 책을 읽는 것과는 달리 같은 책을 읽은 여러 사람이 모여 토론할 때 독서의 이해와 깊이가 다른 이유가 여기에 있다.

듣기와 말하기의 또 다른 매력은 책을 읽을 힘을 준다는 것이다. 혼자서 하는 독서는 스스로 계획을 세우고 읽기 과정을 조정하기 때문에 독서 속도와 실천이 느슨해질 수 있다. 하지만 팀에 소속되어 함께 읽고 대화를 하는 경우는 읽어야만 할 동기가 작동하기 때문에 완독할 가능성이 높다. 또 듣기와 말하기를 하며 책에 대한 나의 관점과 다른 사람의 관점을 비교하며 다양한 해석과 깨달음을 얻을 수 있다. 시야가 확장되고 자신만의 해답을 만들어 가는 데 도움을 받을 수 있는 것이다.

공감하며 듣기 말하기는 서로의 의견을 존중하고 경청하겠다는 뜻이다. 여기에 상대방에 대해 허용하고 배려하는 마음이 담겨 있다. 그래서 공감하며 듣고 말하는 분위기를 만드는 것은 중요하다. 다른 사람의 생각이 나에게 도움이 될 것이라는 열린 귀와 나의 이야기를 솔직하게 해줄 입이 공감하며 듣기 말하기를 오래 유지할 수 있는 열쇠가 된다. 독서 모임에 참석하고 있는 모두가 안전하고 평화롭게 소통할 수 있기를 기대하며 몇 가지 방법을 소개한다.

책 표지 보고 말하기

책을 읽기 전에 하는 활동으로 책 표지에 관한 이야기를 나누는 방법이다. 제목과 그림을 살펴보며 어떤 이야기일지 예측하는 것이다. 표지는 책 전체의 내용을 함축적으로 드러내기 때문에 아이들의 상상력도 자극한다. 나는 그림책으로 수업할 때 이 방법을 자주 사용한다. 예를 들어 『행복한 여우』의 표지를 보며 "왜 행복한 여우일까?"라고 묻는다. 그러면 이 질문 하나에 수많은 이야기가 오고 간다. 내 생각과 친구의 생각은 서로 연결이 되어 곧

온갖 상상력과 추리로 가득하게 된다. 엉뚱한 이야기도 좋다. 책에 대한 관심과 호기심이 크게 부풀어 오르는 힘, 듣기와 말하기를 통한 생각 나눔으로 시작된다.

『행복한 여우』(고혜진)

인상적인 장면이나 문장 고르고 이유 말하기

책을 읽는 동안 인상적인 장면이나 글을 고르라고 한다. 단어도 좋고 문장도 좋다. 또 여러 개의 문장을 골라도 괜찮다. 각자 자신이 찾은 부분을 기록하고 고른 이유를 말하는 것으로 대화의 문을 연다.

이 방법은 세 가지 면에서 효과적이다.

효과 1. 인상적인 부분을 찾아야 하기 때문에 자연스럽게 독서에 집중할 수 있다.

효과 2. 정답이 없기 때문에 마음이 편하다.

효과 3. 이 과정을 살피며 아이들이 내용을 제대로 이해하는지 확인할 수 있다.

아이들이 가끔 이런 질문을 하는 경우가 있다. "제가 찾은 부분이 다른 친구가 찾은 거랑 똑같으면 어떡하죠?" 이럴 때는 괜찮다고 이야기하자. 누구나 자신이 느낀 대로 찾는 거니 같을 수 있다고 말해 주면 아이는 다시 편안한 기분으로 몰입할 수 있다.

우리는 인상적인 구절을 말하고 들으면서 서로의 관점이 같거나 다르다는 것을 알게 된다. 또 왜 그 구절이 마음에 닿았는지 들으면서 공감 능력을 향상시킨다. 인상 깊은 구절을 찾고 자유롭게 이야기 나누는 것, 책이 주는 선물을 발견하는 재미와 독서의 수준을 높이는 능력을 모두 끌어올리는 비결이다.

느낀 점, 깨달은 점, 새롭게 알게 된 점 말하기

수업의 마지막 과정에서 주로 했던 활동이다. 소감을 표현하는 방법인데 좀 더 구체적으로 말할 수 있도록 느낀 점, 깨달은 점, 새롭게 알게 된 점으로 나누어 제시하면 좋다. 추가해서 더 알고 싶은 점, 내용 중에 궁금한 점, 작가와 생각이 다른 점도 이야기할 수 있다. 이 방법도 책에서 정답을 꼭 찾아야 하는 것은 아니기 때문에 가벼운 마음으로 말할 수 있다고 알려주자. 아이가 자신의 생각을 명확하게 말하는 것보다 한 번도 경험한 적이 없는 이 순간을 신선하고 흥미로운 배움이라고 느끼면 일단 성공이다. 앞으로도 여러 번 비슷한 경험을 할 테니 점차 자신감이 생길 것이다. 말하는 태도와 솜씨도 좋아진다.

등장인물 인터뷰하기

인터뷰하기는 책 속의 이야기를 직접 경험할 수 있다는 점이 돋보인다. 등장인물을 인터뷰한다는 가상의 상황을 설정하여 그를 만나는 것이다. 그래서 인물이 처한 상황이나 감정을 비롯한 그의 이야기가 지금 이곳에서 살아 움직이는 생동감을 경험할 수 있다.

인터뷰는 질문을 하고 답을 듣는 것이 원활하게 이루어져야 한다. 그러기 위해 질문은 책의 내용을 바탕으로 만들고 답도 이야기에 근거하여 말한다. 이런 약속을 토대로 인터뷰를 준비해야 아이들이 어렵지 않게 질문과 답을 만들어 듣고 말하기를 할 수 있다.

인터뷰를 하는 방법은 이렇다. 먼저 질문과 답을 만들어 준비한 다음 초대할 인물과 인터뷰어를 정한다. 인터뷰어는 인터뷰를 하는 사람으로 인물에 대한 정보를 수집한다. 이때 성공적인 인터뷰를 위해서 서로를 배려한 듣기와 말하기가 중요하다고 말해주면 아이들이 더 예의를 갖추려고 한다. 이제 맡은 역할에 따라 인터뷰를 시작한다. 아이들은 자기 역할에 맞게 목소리도 약간 바꾸고 진지하게 참여한다.

선생님은 옆에서 아이들이 인터뷰를 잘 이끌어 가도록 넛지만 해주면 된다. 지나치게 개입하지 않으면서 부드럽게, 그리고 살며시 개입하는 것 말이다. 아이들이 인터뷰하는 것을 어려워하지 않게 사회자 역할을 하며 돕는 것도 좋다. 중요한 것은 인터뷰하기를 통해 작품에 흥미를 갖고 적극적으로 만날 수 있도록 돕는 것이다.

따뜻함이 묻어나는 비경쟁 토론

비경쟁 토론이란 찬성과 반대 입장으로 토론하지 않으며 양측의 주장을 펼치며 경쟁하는 것이 아니라 서로의 생각을 보태어 협력하는 토론이다. 발문은 '왜 그렇게 생각하는지'의 형태로 제시하여 자신의 의견과 이유를 말하도록 한다. 서로 생각을 주고받으며 작품을 이해하고 작가의 의도를 파악하는 것이다. 이때 발문에 대해 마음껏 말할 수 있도록 허용하는 것이 좋다. 그래야 아이들이 적극적으로 참여할 수 있기 때문이다.

비경쟁 토론을 할 때는 발언권이 어느 한쪽에 치우치지 않고 모두 공평하게 대화할 수 있도록 신경 써야 한다. 토론자들이 균형을 이루며 토론에 참여하면 좋겠지만, 그렇지 못할 경우에 토론자들이 참여할 수 있도록 돕는 것이다. 이때도 토론의 주체는 아이들이기 때문에 선생님의 개입은 최소한으로 하는 것이 좋다.

비경쟁 토론을 할 때는 아이들의 참여를 유도하는 방법을 소개한다. 나는 토론 전 미리 발언권을 준비해서 아이들에게 똑같이 나누어 준다. 그리고 토론의 주제가 제시되면 아이들은 말할 때마다 발언권을 내놓는다. 가지고 있는 발언권이 다 없어지면 더 이상 말하지 못한다. 발언권은 모두 똑같이 발언의 기회를 가질 수 있기 때문에 어느 한 사람만 발언을 주도하지 않는 장치가 된다. 물론 말하는 것이 서툴고 어려운 아이들도 있다. 이때는 발언권을 손에 쥐고 있는 것이 부담일 것이다. 그래서 발언할 때 '나도 그렇게 생각해.' 또는 '그거 괜찮은 생각이네.'라는 말도 할 수 있다고 알려준다. 이 말은 상대방의 의견을 수용하고 공감한다는 뜻이며 동시에 발언의 부담을 줄일 수 있어 아이들이 대화 중간에 추임새처럼 잘 사용한다. 발문 하나에 한 번만 이 말을 할 수 있다고 하면 서로 하려고 해서 자연스럽게 화기애애한 분위기가 만들어지기도 한다. 또 토론이 무거워지지 않고 경쾌하게 진행된다는 장점도 있다.

주제 정해서 발표하기

발표하기는 협력을 통해 공동의 성장이 일어나는 활동이다. 발췌독 이후에 자신이 읽은 내용을 정리하고 요약하여 친구들에게 말할 때나 자신이 선택한 주제에 대해 자료조사를 한 후 발표한다. 이때 주제는 중복되지 않게 선택하는 것이 좋다. 발표자는 발표할 내용을 준비하며 관련 지식과 정보를 체계적으로 정리하는 과정에서 배움을 경험할 수 있다. 또 청중은 발표자의 내용을 들으며 새로운 정보를 획득하고 배움을 확대한다.

발표를 위해 말할 순서와 준비할 내용을 알려준다. 말할 순서는 크게 세 단계다. 먼저 자신이 선정한 주제와 주제 선정 이유를 말한다. 그 다음에는 주제와 관련된 핵심 내용을 요약해서 말한다. 이때 '핵심 내용 3가지 말하기' 같은 구체적인 기준이 있으면 아이들이 수월하게 발표 내용을 마련할 수 있다. 마지막으로 읽은 내용에 대해 알게 된 점과 자기의 생각을 덧붙인다.

발표 준비와 발표에 아이들은 성의껏 참여한다. 자신이 선택한 것에 책임을 지려는 모습이 기특하다. 발표하기를 마친 뒤에는 발표하면서 힘들었던 점이나 발표를 들으며 나에게 어떤 도움이 되었는지 나눈다. 서로를 평가하기보다 기여했다는 것을 발견할 때 더 빛이 나는 공감하며 듣기 말하기 활동이다.

읽기에서 쓰기로

쓰기는 책에서 얻은 감동과 깨달음을 선명하게 드러내는 도구다. 그래서 글을 쓰면서 책이 전하는 메시지를 발견하기도 하고, 자신의 생각과 감정을 담기도 하며, 누군가와 소통을 할 수도 있다. 하지만 쓰기는 쓰기 경험이 많지 않거나 나이가 어릴수록 어려워한다. 생각을 떠올려야 하고, 그것을 잘 다듬어야 하기 때문이다. 그래서 『초등 글쓰기 비밀수업』에서는 글쓰기 지도의 첫걸음으로 쓰기가 힘들고 어렵고 지겹고 재미없고 답답하고 부담스럽다는 편견을 깨는 일이라고 말한다. 아이들이 긍정적인 감정에서 글을 쓰도록 편하고 자유로운 분위기를 만들어주는 것이 중요하며 만약 맞춤법 때문에 자유롭게 표현하는 것에 어려움이 있다면 차라리 맞춤법도 포기하라고 한다.

필사하기

필사는 읽기와 쓰기가 긴밀히 연결되어 있는 독서법이다. 『공부머리 독서법』에서는 소설의 도입부를 베껴 적는 필사하기와 책 전체를 필사하는 독서법을 소개하고 있다. 성인용 수준의 지식도서나 소설을 필사하고, 필사를 바탕으로 대화를 꾸준히 한다면 교과서의 내용을 쉽게 이해할 수 있는 언어능력을 갖출 수 있다고 말한다. 이는 필사하는 과정에서 글쓴이가 말하고자 하는 주제나 표현 방법 등을 놓치지 않고 하나하나 이해하려고 노력하기 때문일 것이다.

필사를 할 때는 깜지를 쓰듯 속도 위주로 써서는 안 됩니다. 글의 내용을 이해하려고 노력하며 한 문장, 한 문장 꾹꾹 눌러써야 합니다.
필사 후에는 함께 한 문장 한 문장 읽으면서 문장의 뜻에 관해 대화를 나눕니다.
아이에게 설명을 듣는다는 기분으로 임하시면 됩니다.

『공부머리 독서법』(최승필)

필사하기는 주로 독서를 하는 순간이나 마친 뒤에 한다. 선생님

이 필사할 내용을 제시할 수도 있고, 아이들이 스스로 중요하다고 생각하는 부분을 찾아 쓸 수도 있다. 필사 후 대화를 나눌 때에는 글의 내용에 대해 이야기를 나누기도 하지만 필사하기가 어떤 점에서 도움이 되었는지를 확인한다. 필사하기의 중요성을 확인했을 때 아이들이 적극적으로 필사하기에 참여할 수 있기 때문이다. 필사하기의 효과 중에서 인상적이었던 것은 "저는 필사하기 위해 책의 글을 보고 따라 쓰면 마음이 편하고 훨씬 쉽게 느껴져요."라는 말이었다. 필사하기가 책과 나를 이어주는 독서법이라는 것을 알 수 있었는데 온전한 독서를 위해서 이 방법을 추천한다.

또 필사하기를 하면 언어 능력을 키우는 것뿐만 아니라 좋은 글을 따라 쓰는 동안 쓰기 실력을 높일 수 있다. 필사하기를 통해 글의 구조와 표현 방법을 배울 수 있으니 글쓰기 실력이 당연히 좋아진다. 필사하기, 글을 막 쓰기 시작한 단계의 아이들에게도 적용할 수 있는 방법이다.

결말 이어쓰기

결말 이어쓰기는 독서를 마치고 한다. 작품의 내용을 이해한 뒤에 자기만의 색깔로 마음껏 상상하는 활동이다. 그동안 독자로서 책을 읽었다면 이제 직접 작가가 되어 보는 것이다. 아이들은 결말을 이어 쓰며 책에 없는 새로운 이야기를 만드는 데에 적극적으로 참여한다. 그러면서 작품을 아주 가까이서 만나게 된다.

결말 이어쓰기는 정답이 없다. 오히려 자신의 생각을 창조하는 글쓰기이다. 원작과 잘 어울리면서도 재미를 놓치지 않는 이야기일수록 신선한 즐거움이 더할 것이다.

결말 이어쓰기를 가볍게 할 수 있는 방법을 소개한다. 결말 이어쓰기를 게임처럼 할 수 있는 방법인데 한 사람씩 돌아가며 이야기를 전개하는 것이다. 앞 사람이 한 문장을 말하면 다음 사람이 또 한 문장을 더해서 이야기를 만든다. 이렇게 하면 아이들이 마음껏 이야기를 지어낼 것이다.

이 방법에서 한 발 더 나가볼까. 한 문장씩 만들고 접속사까지 제시하는 것이다. 예를 들어, '옛날에 한 꼬마가 있었다. 그런데.'로 끝내는 것이다. 그러면 다음 사람은 그런데와 연결지어 한 문장을 만들어야 한다. '옛날에 한 꼬마가 있었다. 그런데 그 꼬마는 키가 너무 작았다. 그래서.' 이렇게 앞 사람이 접속사를 설정해 놓으면 다음 사람은 문장을 만들 때 고민을 하게 될 것이다. 본격적으로 결말 이어쓰기를 시작하기 전에 흥미를 유발하는 방법으로 이를 활용해 보자.

감사일기 쓰기

일기 쓰기는 읽는 사람을 의식하지 않고 '있는 그대로의 나'를 진솔하게 드러내는 글쓰기이다. 자신의 경험을 글로 풀어내기 때문에 가장 자연스럽고 친숙하다. 나아가 감사일기 쓰기는 정서적 만족과 행복을 느끼고 표현하는 쓰기다. 있었던 일을 떠올리고 감사하는 마음을 담아 일기를 쓸 때 내가 가지고 있거나 누리고 있는 것에 대한 고마움의 감정이 생겨난다. 나의 몸, 내가 가진 것, 나의 일상, 나와 연결된 사람 등 쉽게 떠오르는 것부터 시작할 수 있도록 제시하면 좋다.

감사일기 쓰기는 두 가지 방법으로 활용할 수 있다. 첫째는 작품 속 등장인물이 되어 그의 감정을 예측하는 것이다. 인물이 처한 상황과 기분을 파악하여 일기를 씀으로써 인물에 대해 공감하고, 작품을 실감 나게 감상할 수 있다. 또 하나는 독서 후 작품과 나의 상황을 비교하며 감사 일기를 쓰는 것이다. 이를 통해 내가 처한 상황을 긍정적으로 바라보고 인식할 수 있다.

독서 모임에서는 「난 내가 마음에 들어」라는 작품을 읽고 감사 일기 쓰기 활동을 했다. 이 글은 작가가 자신이 마음에 드는 이유를 연달아 소개한다. 이름, 성별, 나이, 국적, 하는 일 등 모든 상황이 마음에 든다고 한다. 이 작품의 시작과 끝은 이렇다.

이런 말 하면 웃을지 모르지만 난 내가 마음에 든다.
다른 사람과 비교해서 잘났다거나 뭘 잘해서가 아니라
그냥 나라는 사람의 소소한 부분이 마음에 든다는 말이다.

...

나는 내게 어떤 선택권도 없이
주어진 성씨, 출생 연도, 집안에서의 출생 서열, 심지어 국적
까지도 만족의 차원을 넘어
열광하는 내가 상당히 마음에 든다.

「난 내가 마음에 들어」(한비야)

<hr>

이 작품은 작가가 삶을 감사하게 받아들이기 시작하면서 그의
태도와 가치관이 긍정적으로 변화되는 과정을 고스란히 담고 있
다. 그녀는 감사할 대상을 생각보다 쉽게 찾을 수 있고, 마음에 들
지 않는 부정적 정서의 상태에서도 감사할 수 있다고 말한다. 갈
등과 결핍의 상황이지만 긍정적인 언어를 사용하는 과정에서 '그
럼에도 불구하고'로 사고가 전환됨을 알 수 있다.
  내 삶에 대해 마음에 든다고 말하는 것, 그리고 그것을 고맙다
고 말해보자. 주변이 환하게 밝아지는 느낌이 들 것이다.

포토에세이 쓰기

포토에세이란 사진과 글이 어우러진 것으로 생각이나 느낌을
담아 자유롭게 쓴다. 일정한 형식이 없어 글쓰기에 부담이 적다.

또 사진을 보며 글을 쓰기 때문에 프레임 안에 담긴 대상의 아름다움과 의미를 발견할 수 있다.

사진은 글의 목적에 맞게 선택하는데 공유되고 있는 자료를 활용하거나 직접 찍어서 사용하면 된다. 100장 이상의 사진을 모은 교구인 이미지 프리즘 카드와 다양한 종류의 고 해상도 이미지를 검색하고 다운로드가 가능한 사이트인 픽사베이**Pixabay.com**의 활용도가 높다. 이 사진을 활용하면 주제와 관련된 장면을 찾아서 글을 쓰기에 편하다.

직접 자신의 카메라로 찍을 때는 주변을 자세히 관찰하기 시작한다. 소홀히 여기고 그냥 지나쳤을 것들에 관심을 갖는 것이다. 대상을 찾는 과정에서 나를 둘러싼 세상을 새롭게 본다.

포토에세이 쓰기는 사진과 글이 상호보완적이기 때문에 글만 써야 할 때보다 더 흥미롭고 재미있다. 『오늘, 작은 발견』을 읽고 아이들과 함께 집 밖으로 나갔다. 직접 사진을 찍고 글을 쓰면서 작가가 작품을 쓴 의도와 주제를 더 깊이 이해하기 위해서다. 그리고 또 한 가지. 책에서 얻은 배움을 실제로 적용하면서 우리도 새로운 창작물을 만들 수 있다는 가능성을 알기 위해서다.

이 사진은 청명한 가을 하늘 아래 핀 코스모스를 보고 찍은 것이다. 그리고 사진을 보면서 떠오르는 생각과 느낌을 담아 이런 글을 썼다.

내가 좋아하는 색이에요.
자연이 그려준 그림인데, 마음에 쏙 들어요.

나도 당신이 좋아하는
투명한 그림 하나 그려
그 마음에 걸고 악수를 청할래요.

그러면 당신의 미소 띤 눈썹과 입술을 볼 수 있겠죠?
내가 제일 좋아하는.

편지 쓰기

　마음을 전하거나 안부를 묻는 편지 쓰기는 나와 관계를 맺고 있는 대상과의 관계를 돈독하게 한다. 특히 상대방에 대한 고마움을 표현한 편지 쓰기는 의사소통의 통로가 되는 것뿐만 아니라 긍정적인 관계를 맺는 데 크게 작용한다. 편지 쓰기는 책을 읽고 난 후에도 해볼 수 있는 활동인데 작품을 이해하는 데 도움이 되는 것 외에도 타인의 도움과 보살핌에 고마워하는 기회를 제공한다. 자신의 삶에 영향을 준 소중한 존재를 떠올리고 표현하는 데 편지 쓰기가 도움이 된다.

　제인 구달의 그림책 『독수리와 굴뚝새』에서 제인 구달은 작품의 창작 배경을 편지에 담아 책의 앞쪽에 싣고, 뒤이어 자신의 경험을 담은 이야기를 들려준다. 제인 구달이 쓴 '나의 고마운 독수리에게'라는 편지에서 자신이 꿈을 이룰 수 있게 도와준 많은 사람에 대한 고마움을 표현하고 있다. 우리에게도 모두 '나의 고마운 독수리'가 있을 것이다. 살면서 '고마움'을 기억하지 못했고, '독수리'에게 고백하지 못했을 뿐. 편지를 쓰며 나의 성장이 누구 때문에 가능했었는지 생각해보고 그 사람의 베풂과 이끎에 고마워하며 편지를 써보자. 그 마음을 표현할 때 나를 둘러싼 사람들과 더 평화롭게 지낼 수 있다는 것을 배울 것이다.

북돋움을 위한 활동, 콜라주와 갈런드

개성 있는 결과물 만들기를 해보고 싶다면 콜라주와 갈런드 만들기를 추천한다. 둘 다 쉽고 재미있어 아이들이 흥미를 느끼는 활동이다. 콜라주는 글에 어울리는 장면을 시각화한 것으로 글쓰는 데 도움이 되고, 갈런드는 글을 읽고 난 후 떠오르는 생각이나 인상 깊은 문장을 생생하게 표현할 수 있다.

콜라주 만들기

콜라주는 종이, 인쇄물, 사진 따위를 오려 붙여 작품을 만드는 것이다. 다양한 재료를 혼합하여 표현할 수 있어서 생각이나 느낌을 시각화할 때 유용하다. 또 오리고 붙이는 재미가 있어서 만들기를 좋아하는 아이들이 흥미를 느낄 수 있다. 콜라주를 할 때 잡지를 활용하면 좋은데 사진 자료가 풍부해서 마음대로 골라 쓸 수 있기 때문이다. 수업 전 잡지를 미리 살펴 자료의 양과 질을 확인하고 제공하면 된다. 잡지에서 적절한 자료를 찾을 수 없을 때는 직접 그릴 수도 있다.

콜라주는 책에서 묘사한 장면을 이미지로 표현하거나 쓰기를 위한 보조 자료를 만드는 정도로 한다. 필요한 자료를 수집해서 알맞게 활용하면 되는 것이다. 그러니 콜라주 만드는 데 너무 열심히 하지 말기를. 우리는 독서 모임 아닌가.

내가 좋아하는 것이나 잘하는 것을 떠올리고 콜라주로 만든 것이다. 이 자료를 토대로 '난 내가 마음에 들어'라는 글을 썼다. 글을 쓰고 난 뒤에 소감을 물으니 '좋아하는 것과 잘하는 것을 찾을 수 있었고, 자신감을 가지게 되어 좋았다.'는 대답을 들을 수 있었다.

갈런드 만들기

갈런드는 장식이라는 의미를 가지고 있으며 긴 줄에 다양한 모양의 조각을 규칙적으로 연결한 것을 말한다. 책을 읽다가 인상 깊은 문장을 만났을 때나 시의 한 구절을 오래 기억하고 싶을 때 갈런드는 그 역할을 톡톡히 해낸다. 또 각각의 글을 모아 결과물을 함께 만들었다는 성취와 보람도 느낄 수 있는 활동이다.

조각의 재료와 모양은 다양하게 선택할 수 있다. 『연남천 풀다발』에서 인상 깊은 문장을 고르고 갈런드를 만들었는데 이때 우

리는 나뭇잎 모양의 조각에 글을 썼다. 책의 느낌을 고스란히 살리고 싶었기 때문이었다. 각자 마음에 드는 종이를 골라 인상 깊은 문장을 옮겨 적고 만들어진 조각을 하나씩 엮었다. 그리고 자주 볼 수 있는 곳에 걸었다.

위로와 응원, 때로는 유머러스한 글을 모아놓은 갈런드를 볼 때마다 힘이 난다. 어떤 글을 적을지 고민한 흔적과 한 자 한 자 정성스럽게 쓴 글이 생생하게 남아있기 때문이다. 또 각자 만들어 낸 조각들을 한 곳에 모으며 배움을 확장시킬 수 있다. 친구가 쓴 글을 보며 공감하거나 새롭게 알게 되는 것이 있기 때문이다. 보기에도 예쁘고 내용도 알찬 갈런드 만들기에 도전해 보자.

제4장

그림책 읽기

책 속으로의 산책
『promenade, 산책』

『promenade, 산책』 이정호 글 · 그림, 상출판사, 2016

거기에서 분명 낯선 목소리가 들렸어.

거기는 이제 몇 몇 사람만 알고 있는 곳인지도 몰라.

돌아올 때는 무엇이 달라져 있을까.

어디까지 담을 수 있을까.

전부 기억해야 한다면 아무것도 기억할 수 없을 거야.

있는 그대로 받아들여야 할 때도 있겠지.

낯설어도 불안하지 않다면 즐거울 거야.

수많은 저녁마다 무슨 생각을 했을까.

듣게 될 거야.

알게 될 거야.

이정호, 『Promenade, 산책』 중에서

———————◆———————

그림책의 제목이 '산책'이다. 평화롭고 아름다운 산책길을 기대하며 책장을 넘긴다. 하지만 한참을 들여다봐도 이야기가 잘 연결되지 않는다. 우리가 흔히 아는 산과 들이 아니기 때문이다.

오! 고개를 갸웃거리며 책장을 넘기다가 뭔가를 발견했다. 산책이 무엇인지 찾은 것이다. 바로 책 속으로의 산책. 경치가 아름다운 곳이 바로 책이었다니. 책 속으로 산책한다는 작가의 아이디어가 기발하다.

산책은 휴식이나 건강을 위해 천천히 걷는 것을 말한다. '천천히'를 통해 보지 못했던 것을 보게 됐다는 안도와 감사를 우리는 알고 있다. 그래서 책 속으로의 산책도 천천히 공들여 해야 한다. 간결한 이미지와 속삭이는 듯한 글을 음미하며 가장 마음에 드는 장면을 마음에 담아두면 좋겠다.

호기심과 기대를 품고 산책을 떠나는 사람은 무엇을 보았을까?

우리도 작은 등불을 손에 들고 책의 문을 열어보자. 한 장 한 장 천천히 넘기면서 오랫동안 우리와 함께한 책의 진짜 모습을 살펴보자. 때로는 달콤한 향기처럼, 때로는 우아한 음악처럼 우리를 맞이하는 책을 만나러 가보자.

수업 목표

우리 모임이 책을 읽는 모임이니까 '책' 얘기를 해볼까?

오늘 수업에서는 어릴 때부터 봐 왔던 책과의 기억을 떠올리며 산책하듯이 편안하게 책 이야기를 나누고 싶다. 『Promenade, 산책』을 펼쳐 놓고 책 안으로 들어가 보자. 마음에 드는 장면을 고르면서 떠오르는 생각과 느낌을 발견할 때 산책이 즐겁지 않을까.

수업 계획

수업 흐름	내용	준비물
수업 열기	① 나에게 책이란?	
수업 펼치기	② 가장 마음에 드는 장면 고르기	
	③ 마음에 든 장면 고른 이유 말하기	
	④ 책 천천히 읽기	
수업 다지기	⑤ 내가 생각하는 책이란? 이야기로 창작하기	종이 카드

수업 속으로

① 나에게 책이란?

'책하면 떠오르는 것' 말해보기. "나에게 책이란 무엇이라고 말할 수 있을까?"라고 물었을 때 아이들은 자신의 경험과 연결 지어 이야기한다. 자신이 좋아하는 분야의 책이나 재미있게 읽는 책에 대해서는 높은 점수를 주었지만 읽어야 할 책이나 읽고 독후감을 써야 했던 경우는 평가가 후하지 않다.

만약 생각이 잘 떠오르지 않아 말하기 어려워할 때는 이미지 카드를 보고 찾게 하는 방법도 있다. 다양한 이미지를 보며 생각을 떠올리도록 돕는 것이다. 생각을 찾았다면 말하기는 그리 어렵지 않다. 음식이 잘 차려진 사진을 골라 '책은 맛있는 음식이에요.'라고 말을 시작한 아이가 그렇게 생각한 이유까지 곧잘 마무리한다. 게다가 그냥 '좋다, 싫다, 그저 그렇다'에서 벗어나 훨씬 풍성하게 표현할 수도 있다.

'책이 좋다'는 느낌을 자주, 그리고 오랫동안 마음에 품을수록 자발적으로 책을 볼 것이라는 기대는 아이들의 이야기를 통해 더욱 분명해진다. 독서의 고된 순간을 넘어서는 힘, 그럼에도 '책이 좋다'이다.

② 가장 마음에 드는 장면 고르기

책에서 가장 마음에 드는 장면을 고른다. 나는 책이 조각 케이크가 되어 접시 위에 있고 커피 한 잔이 옆에 놓인 장면이 가장 마음에 든다. 반면에 아이들은 이것저것 들여다보느라 쉽게 고르지 못한다. 그림들이 굉장히 따뜻하고 아름다워서 단번에 고르기가 쉽지 않다. 그런데 오히려 이 점이 다행이다. 실은 오랫동안 보고 뭘 고를지 망설여야 한다. 아이들의 머릿속은 조금 전 자신이 말한 것과 비교를 하면서 새로운 정보를 수집해야 하기 때문이다. 천천히 마음껏 보라고 이야기해 주자.

③ 마음에 든 장면 고른 이유 말하기

각자 마음에 든 장면을 보여주고 왜 그것을 골랐는지 이야기한다. 듣고 있던 아이들이 중간 중간 고개를 끄덕이며 자기도 마음에 든다는 공감을 한다. '나도 이거 고르고 싶었어.'라는 반응을 보이는 아이가 있다면 더 흐뭇한 일이다.

'그냥 마음에 들었어요.'라고 말한다면 '이 장면에서 새로 알게 된 것이나 느낀 점이 있니?'라고 물어서 조금 더 자세히 표현할 수 있도록 도와준다.

아이들 마음속에 '책'은 어떤 장면으로 남게 되었을까?

④ 책 천천히 읽기

책을 읽을 때는 선생님이 읽어주는 것보다 한 명씩 돌아가며 읽기가 훨씬 재미있고 끝까지 집중해서 읽을 수 있다. 화면 가득 그려진 그림을 보며 한 문장 한 문장 느린 걸음으로 읽는다. 장면마다 한두 문장으로 길이는 짧지만, 의미가 함축적이어서 읽다가 어떻게 생각해?, 이건 무슨 뜻일까?, 왜 이렇게 그렸을까? 하고 가볍게 물어본다. 그리고 아이들의 생각과 느낌을 공감하기 위한 정도로 대화를 이어간다. 대답이 완벽하지 못하더라도 너무 가르치려고 하지 않는 것이 좋다. 그러면 산책이 힘들어질 테니까.

⑤ 내가 생각하는 책이란? 이야기로 창작하기

이 활동은 수업의 시작과 중간을 거치는 동안 품고 있었던 질문, '내가 생각하는 책이란?'에 대한 마음을 엿보기 위해 한 것이다. 작가가 된 것처럼 이 책의 마지막 페이지를 창작하기 위해 빈 카드를 하나씩 주었다. 처음 '나에게 책이란'을 말하며 후한 대우를 해주지 않았던 아이들이 마지막 장면을 만들면서 책에 따뜻한 시선을 보낸다. 이런 마음이라면 앞으로도 책을 보자고 했을 때 무작정 도망가지 않을 것 같다. 김태용은 이런 장면을 만들었다.

이제 막 산책을 끝내고 돌아온 기분이다. 꽃다발을 한아름 얻어온 충만한 이 느낌. 나만 행복한 건 아니겠지? 자, 이제 마지막으로 돌아가며 끝인사를 해야지.

"오늘 산책 어땠니?"

무엇보다 나 『행복한 여우』

『행복한 여우』 고혜진 글 · 그림, 달그림, 2018

긴 겨울이 지나고, 동굴 안으로 한 줄기 햇살이 비쳤어요.

그 사이로 하얀 나비 한 마리가 날아들어 한참을 여우 곁에

서 맴돌았어요.

여우는 하얀 나비를 따라 동굴 밖으로 천천히 나왔어요.

그때 작은 새 한 마리가 여우에게 다가왔어요.

그러고는 이렇게 속삭였지요.

"이렇게 눈부시도록 하얀 여우는 처음 보았어. 정말 아름다

워."

여우는 주위를 둘러보았어요.

여우 말고는 아무도 없었지요.

그제야 여우는 강물에 자기를 비춰 보았어요.

물속에 하얀 여우 한 마리가 있었어요.

여우는 그 모습을 한참 동안 바라보았어요.

여우는 다시 날마다 산책을 하고, 자신의 꽃밭을 가꾸기 시작했어요.

"이 숲에 나만큼 꽃과 나무를 잘 가꾸는 여우는 없을 거야!"

여우는 잡초를 뽑으며 속삭였어요.

산새들은 여우의 꽃밭을 보러 왔어요.

여우가 가꾼 아름다운 꽃밭은 숲속 친구들의 편안한 쉼터가 되었지요.

따스한 봄 햇살이 내리쬐는 숲속에 행복한 여우가 살고 있어요.

고혜진, 『행복한 여우』 중에서

———————◆———————

어렸을 때 나는 불행하다고 생각하며 살았다. 친구랑 비교하면서 공부를 잘하지 못하는 것에 대해, 마음에 들지 않는 외모에 대해, 자랑하기 힘든 부모님과 가정 형편에 대해.

실은 더 있을 텐데 지금은 기억이 거의 안 난다. 이렇게 마음속에서 불행이라고 생각했던 것을 지운 이유는 남과 나의 다름을 비교할 때 언제나 불행하다는 것을 알았기 때문이다.

　이 책은 '행복했던' 여우의 이야기로 시작한다. 여우는 눈부시게 빛나는 붉은 털을 가졌기 때문에 행복했다. 완벽한 외모에 만족해하며 늘 자신감이 넘쳤다. 그러나 과거의 삶이 영원하지 않을 수도 있다는 것을 여우는 몰랐을까. 빛나는 털이 하나둘 사라져가는 것을 알게 된 여우는 더 이상 행복하지 않았다. 그리고 그는 삶의 의욕을 잃고 가장 어두운 곳, 동굴 속으로 들어간다. 다시는 나오지 않겠다고 다짐 하면서 말이다.

　'빛나는 털'이 의미하는 것은 무엇일까? 외모도 맞겠지만, 내 인생을 이루고 있는 것이라면 뭐든지 포함될 수 있다. 이 빛나는 털이 사라진다는 것은 마음에 들었던 것들이 사라진다는 말이다. 우리의 삶에서 빛나는 붉은 털은 무엇이고 흰 털은 또 무엇일까? 여우가 흰 털을 받아들이지 못하고 뽑아서 없애려고 했던 것처럼 우리도 그러진 않았는가.

　이야기의 결말에서 작은 새 한 마리가 흰 여우를 보고 그 존재의 아름다움을 칭찬하고 인정하는 장면이 나온다. 이때 여우는 자신의 아름다움이 외모에 있지 않다는 것을 알게 되고 진정한 행복을 찾아 동굴 밖으로 나오게 된다. 이야기는 이제 '늘 행복할' 여우를 기대하며 끝이 난다. 불행을 가져다주는 문제가 완전히 사라진 것이 아니라 그 문제를 어떻게 바라봐야 하는지 깨달았기 때문이다.

수업 목표

내가 '나'를 인정하고 사랑한다면 아무리 주변에서 날을 세워 달려들어도 이겨낼 수 있는 힘을 갖게 될 것이다. 당당히 나의 삶을 걸어 나갈 때, 그 때 '행복하다'고 말할 수 있지 않을까.

그림책 제목이 '행복한 여우'다. 여우 대신 나의 이름을 넣어보면 어떨까? 나를 인정하고 사랑할 수 있게 된다면. 이번 수업에서는 나를 긍정적으로 바라보고, 내가 행복한 이유를 발견하기를 바란다. 또한 나의 외모 못지않게 내면을 가꾸는 일도 중요하다는 것을 깨달을 수 있기를 기대한다.

수업 계획

수업 흐름	내용	준비물
수업 열기	① 책 표지 보고 이야기 나누기	
수업 펼치기	② 책 읽기, 그리고 여우가 행복한 이유를 알 수 있는 문장 찾기	포스트잇
	③ 중요한 단어 찾기	포스트잇
	④ 여우가 들려주는 이야기	활동지
수업 다지기	⑤ 소감나누기, 행복한 나	

수업 속으로

① 책 표지 보고 이야기 나누기

책을 읽기 전, 책 표지에 관한 이야기를 나눈다. 제목과 그림을 살펴보며 어떤 이야기일지 예측해보는 것이다. 아이들은 표지를 관찰하며 여우만 붉은색으로 칠했고, 나머지 부분은 흑백이라는 것, 여우가 꽃을 들고 있다는 것을 시작으로 여러 이야기를 한다. 가장 오랫동안 나눈 이야기는 왜 행복한 여우일까? 행복하다는 건 뭘까?

질문 하나에 많은 이야기들이 오고 간다. 자신들이 행복했거나 그렇지 않았던 것까지 펼쳐놓을 기세다. 자자, 이제 책 읽으러 가 볼까?

② 책 읽기, 그리고 여우가 행복한 이유를 알 수 있는 문장 찾기

아이들이 돌아가며 책을 읽는다. 이렇게 읽으면 지루하지 않아서 좋다. 다 읽고 나자 여자아이들은 여우가 예쁘다고 한마디씩 하는데 마지막 장면이 따뜻하고 아름답게 끝나서 그런 것 같다.

포스트잇을 한 장씩 나누어주고 여우가 행복한 이유를 알 수 있는 문장을 찾아보라고 했더니 다들 책을 뒤적이기 시작한다. 아이들이 문장을 찾기 위해 책장 사이를 왔다 갔다 하는 모습을 보니 슬며시 웃음이 난다. 책을 다시 읽게 하려는 나의 숨은 의도가 빛을 발하기 때문이다. 포스트잇에 다 쓰면 모두 볼 수 있도록 가운데로 모은다.

이제 자신이 고른 문장과 그 이유를 말할 차례. 자신 있게 "제가 할게요."라는 말을 들으려면 아이들이 편안함을 가질 때까지 기다려야 한다. '누가 말할 수 있을까? 말해줘서 고마워, 네가 말한 게 도움이 되네, 너는 어떻게 생각해?' 이런 말들은 아이들의 참

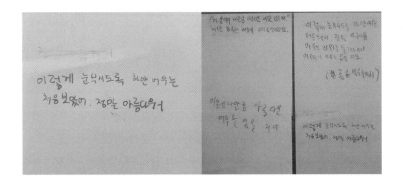

여를 이끌어내는 말이다. 익숙해지도록 자주 사용해보자. 말하고 듣는 사람 모두에게 힘이 된다.

우리가 뽑은 여우가 행복한 이유를 알 수 있는 문장들

1. "이 숲에 나만큼 아름다운 여우는 없을 거야."
2. "이렇게 눈부시도록 하얀 여우는 처음 보았어. 정말 아름다워."

③ 중요한 단어 찾기

이 활동을 통해 아이들이 작품의 내용을 파악할 수 있다. 먼저 개인별로 중요한 단어 5개를 찾아보라고 한다. 그러고 나서 한 사람씩 자신이 찾은 단어를 말한다. 이제 얼마나 많은 사람들이 같은 단어를 찾았는지 확인한다. 예를 들어, '동굴'이라고 말하면 이 단어를 찾은 사람은 모두 손을 든다. 몇 명이 같은 단어를 찾았는지 확인하는 것이다. 손을 많이 들수록 중요한 단어일 것이다.

이 책에서 중요한 의미를 가지는 단어는 '(붉은 또는 하얀)털, 동굴, 나비, 새, 행복'이다. 이것을 알려주기 전에 아이들은 '털, 동굴'은 잘 찾는 반면, 나비와 새까지 찾는 것은 어려워할 수 있다. 나비와 새가 여우에게 힘을 준 존재라는 것을 발견할 수 있도록 안내하면 된다.

④ 여우가 들려주는 이야기

여우가 나에게 들려주는 이야기를 쓴다. 여우의 입장에서 나에게 어떤 말을 해줄지 떠올리고 중요한 단어를 포함해서 쓰라고 제안한다. 아이들이 쓴 글을 보면 작품을 어떻게 해석하고 있는지 살필 수 있다. 이서호는 이런 글을 썼다.

안녕! 나는 하얀 여우야. 원래는 붉은 여우였지만 지금은 하얀 여우가 되었어. 난 처음에 하얀 털이 자꾸 나는 게 싫었어. 그래서 하얀 털을 숨기곤 했지. 하지만 나중에 내 몸이 모두 하얀 털로 덮여 버렸을 때 깨달았어. 내가 하얀 털을 가진 여우든 붉은 털을 가진 여우든 나는 여전히 아름다운 여우라는 것을. 이제부터 나는 외모보다 나의 내면에 신경 쓰려고 해. 너에게도 나의 하얀 털 같은 고민이나 문제가 있다면 무조건 부정적으로 보지만 말고 긍정적으로 생각해봐. 그럼 안녕.

하얀 여우가 -

⑤ 소감 나누기, 행복한 나

마지막 문장인 '따스한 봄 햇살이 내리쬐는 숲속에 행복한 여우가 살고 있어요.'를 자기 이름을 넣어서 첫 문장을 만들었다. 그리고 자신의 이야기를 담아 소감 나누기를 한다. '하얀 털'과 같은 고민이나 힘든 점을 떠올리고 그것을 어떻게 바라볼 것인지 나누다 보면 서로 비슷한 문제로 걱정하고 있음을 알게 된다.

가끔 나에게 하얀 털이 생기는 것처럼 힘든 순간이 찾아와도 긍정적으로 바라보면 좋겠다. 이 그림책의 마지막 장면과 같이 있는 그대로의 모습을 사랑하는 '행복한 나'를 만나기 바란다.

실수를 인정하는 용기 『아름다운 실수』

『아름다운 실수』 코리나 루이켄 지음, 김세실 옮김, 나는별, 2018

시작은 이러했어요.

앗, 실수!

이번에는 다른 쪽 눈을 더 크게 그리는 실수를 했네요.

동그란 안경을 씌웠어요.

음~ 괜찮은데요!

팔꿈치는 뾰족하고 목은 너무 길어요.

또 실수예요.

긴 목에 장식을 그렸어요.

나풀나풀 레이스와 쪼글쪼글 주름.

와~ 괜찮은데요.

수풀을 떠올린 건 아주 좋은 생각이었어요!

코리나 루이켄, 『아름다운 실수』 중에서

용기는 씩씩하고 굳센 기운을 말한다. 우리 안에 용기가 있음에도 그것은 마음먹은 대로 쉽게 발휘되지 않는다. 내가 가진 내면의 힘을 알아차리는 과정이 필요하고 다른 사람의 기대와 시선을 견뎌야 하기 때문이다. 하지만 그 부담을 넘어섰을 때 우리는 앞으로 계속 나아갈 수 있다. 능력을 마음껏 펼칠 기회를 만난다는 말이다. 이렇게 엄청난 용기 에너지는 '실수'에도 그대로 적용된다.

실수는 뜻하지 않은 잘못이기에 그 결과를 인정하기 어렵다. 실수한 것에 대해 실망하거나 속상해하며 자책과 비난으로 이어지기도 한다. 중심을 잃어버리고 부정적 감정에 압도되면 자신을 무기력한 존재로 여기고 다른 사람에게 의존하려는 성향도 강해진다. 성장으로의 길을 찾지 못하고 올바른 가치관을 형성하는 데 어려움을 겪는 것이다.

『아름다운 실수』는 실수를 인정하는 용기를 그려낸 책이다. 예상치 못한 결과에 당혹스러울 수 있지만 도리어 실수가 새로운 시작이 될 수 있다고 믿는 용기 말이다. 이 책은 실수를 만나더라도 거기서 머물지 말고 또다시 출발하자고 이야기한다. 실수가 피해야 하는 것이 아닌, 누구나 하는 보통의 일이라는 새로운 인식은 두려움과 자책감으로 가득 찬 마음을 위로한다. 이렇게 자신을 긍정적으로 바라볼 수 있는 관점을 갖게 되면 실수를 인정하고 너그럽게 볼 수 있는 마음이 생긴다. 실수 또한 배움의 기회란 것을 알고 자신을 수용하는 편안함과 자유로움이 있길!

수업 목표

가끔 물을 쏟고, 자전거를 타다 넘어지고, 신발을 바꿔 신었던 아이가 실수를 어떻게 받아들였을까. 실수하는 자신을 인정하지 못하고 실수할 때마다 자책하진 않았을까.

이 책은 실수로 떨어뜨린 작은 얼룩 하나가 커다란 생각의 시작이 될 수도 있다고 말한다. 실수는 하면 안 되는 것이라고 가르쳐왔던 내 마음에 환한 빛 하나가 들어왔다. 실수가 '시작'이라는 책의 이야기를 따라가며 아이들의 마음도 편안해졌으면 좋겠다. 실수를 마주할 수 있는 용기와 여유를 나누고 싶다. 실수가 아름다운 것이 될 때 지치지 않고 끊임없이 도전할 수 있을 것이다.

수업 계획

수업 흐름	내용	준비물
수업 열기	① 실수하기	화선지, 먹물
수업 펼치기	② 감정 단어로 느낌 말하기	공감대화카드*
	③ 그림책 읽기	
	④ 마지막 문장과 이어지는 한 문장 만들기	
수업 다지기	⑤ 실수에 대한 생각 말하기	

수업 속으로

① 실수하기

화선지와 먹물을 준비한 후, 아이들과 만난다. '지금부터 그림 그릴 거야. 뭐 그려보고 싶어? 자유롭게 그리면 돼. 시작'. 무슨 일이 벌어질지 상상이 되는가. 아이들은 먹물을 뚝뚝 흘리거나 '망했다'라고 하거나 종이를 다시 달라고 할 것이다. 의도적으로 실수하는 상황을 만나게 하는 장면이다. 가능한 한 말을 아끼며 아이들이 실수의 경험을 어떻게 다루는지 그 모습을 찬찬히 지켜본다.

---

2   공감대화카드-감정카드, 인사이트에서 연구개발한 것으로 67개의 감정 단어를 카드로 제작함.

② 감정 단어로 느낌 말하기

공감대화카드를 활용해서 지금 속마음이 어떠한지 감정 단어로 표현했다. "실수했을 때 기분이 어땠어?"라는 질문에 감정카드에서 실수했을 때 떠오르는 느낌을 찾았다. 그리고 왜 그런 감정을 느꼈는지 이야기를 나눈다. 대화 속에서 감정을 공유하는 동안 우리는 정서적으로 연결될 것이다.

"왜 이런 기분이었어?"라고 물으니 "일부러 그런 게 아니었어요. 근데 나만 혼나서 억울했어요."라고 말한다. "너만 혼나서 억울했어?"라고 되물었다. 지난 일인데 마음에서는 아직 사라지지 않은 기분 '억울함'을 불러와서 오랫동안 살펴주자 마음이 한결 편안해졌다. 느낌을 말한 아이도, 그 말을 듣고 가만히 따라 말했던 나도.

③ 그림책 읽기

그림책 제목이 당황스러운 실수나 부끄러운 실수인 줄 알았는데 '아름다운 실수'다. 왜 아름다운 실수라고 했을까? 면지를 열어보자. 조금 전에 우리도 이런 실수를 했었는데. 종이에 물감을 떨어뜨린 실수.

이야기가 쉽고 재미있다. 사람을 그리려는데 실수투성이다. 양쪽 눈의 크기를 다르게 그리거나, 목과 다리를 너무 길게 그린 실수들이 계속 생긴다. 이런 실수는 누구나 해 본 경험이 있을 것이다. 실수로 그린 우스꽝스러운 그림과 재미난 이야기를 보며 아이들은 이해할 수 있다는 듯 서로 웃는다. 그러다가 책의 절반을 넘어가면서부터는 실수를 기회로 삼아 새로움을 발견하는 장면이 나온다. 한참 웃다가 생각지 못한 결말에 감탄을 한다. 그렇게 책을 읽었다.

④ 마지막 문장과 이어지는 한 문장 만들기

마지막 문장은 '실수는 시작이기도 해요.'이다. 이 책에서는 '실수가 시작이 될 수 있기 때문에 아름답다.'고 말한다. 우리도 '실수가 아름다운 이유는 _____' 라는 문장 만들기를 했다. 어떤 이야기들을 꺼내 놓을까. 정답은 없다. 함께 책을 읽지만 서로 마음에 품는 것은 다를 수 있다. 실수가 아름다운 이유를 곳곳에서 찾으며 실수를 인정하는 용기를 갖길 바랄 뿐이다.

앞으로도 우리는 계속 실수할 것이다. 그것도 아주 많이. 그럴 때마다 이 책이 마음 깊은 곳에 남아 실수한 나를 응원해주면 좋겠다. 책이 나에게 왔고 다시 책을 품는 독자. 이것이 내가 아이들에게 전해주고 싶은 마음이다.

⑤ 실수에 대한 생각 말하기

②의 실수를 한 상황과 감정을 ④의 문장에 넣어서 실수에 대한 자신의 생각을 말하면 된다고 했더니 차분하게 자기 이야기를 꺼낸다. 아이들의 이야기는 책과 비슷할 수도 있고, 다른 관점에서 말할지도 모른다. 실수에 대한 자신의 생각을 진솔하게 말할 수 있도록 공감으로 들어주면 좋겠다.

배재령은 이런 문장을 쓰고 말했다.

나는 실수했을 때 안타깝고, 서럽고, 화나고, 후회스럽고, 조마조마하다. 실수는 하면 안 되는 거라고 생각했는데, 이 책에서 실수가 아름답다고 했다. 나도 실수를 통해 새로운 것을 얻을 수 있다는 것을 알게 됐다.

다시, 가드를 올리며 『가드를 올리고』

『가드를 올리고』 고정순 글·그림, 만만한책방, 2017

산을 오른다.

처음에는 단박에 오를 것 같았지.

생각처럼 쉽지 않네.

좁은 길을 지나 골짜기를 넘어

커다란 바위를 만났어.

바위를 지나니 웅덩이

웅덩이를 넘으니 가파른 언덕

다른 길로 갈까?

그만 내려갈까?

조금만 더 가자.

바람이 불 때까지.

여기가 어디지?

나는 뭘 하는 거지?

올라갈 수 있을까?

더 이상 한 걸음도 못 걷겠어.

길을 잃었나 봐.

땀이 비처럼 쏟아지고 다리에 힘이 풀려.

산 위에는 정말 바람이 불까?

바람이 분다.

가드를 올린다.

아무도 없는 모퉁이에서

다시

가드를 올리고.

고정순, 『가드를 올리고』 중에서

숲에 가면 가장 반가운 것, 바람이다. 바람이 불면 지쳐있던 어깨와 머리칼이 다시 기운을 얻는다. 바람이 얼마나 소중한지 거기 가면 안다. 내 안에도 바람이 있다. 끊임없이 떠오르는 생각과 감정들, 그것들이 엉켜 길을 헤맬 때 바람은 가만가만 불어 슬픔의 나를 다독인다. 차차 긍정에 이르도록 나를 이끈다. 부디, 내 안의 바람을 반갑게 만나길.

아이든 어른이든 마주한 현실은 그리 만만하지 않다. 쓰러지고 넘어질 때가 한두 번이 아니다. 치열하게 싸우는 권투 경기처럼 끊임없이 갈등하며 패배하기 일쑤다. 부서지고 지친 우리는 일어설 힘이 없고 기댈 곳조차 없어 외롭다. 권투 경기에서 계속 얻어맞고 쓰러지는 선수처럼 비틀거리는 나. 나와 권투 선수의 삶은 많이 닮았다. 그래서 이 이야기는 나의 이야기가 된다. 삶에 도전하는 나의 이야기.

글과 그림은 각각의 사건이 어떻게 연결될 수 있는지 보여준다. 글이 산에서 길을 잃은 사람의 절박함과 그러한 상황에서도 바람을 기대하며 정상을 향해 꿋꿋이 올라가는 사람의 마음을 말했다면 그림은 권투 장면이다. 팽팽한 긴장감이 도는 순간을 빨간 주먹과 검은 주먹으로 클로즈업하여 거칠고 속도감 있게 그리고 있다. 생각해보면 산에서 길을 잃은 어려움과 권투를 하는 동안 만날 수 있는 것이 크게 다르지 않다는 것을 알 수 있다. 우리의 삶을 비유한 글과 그림이 매력적인 이유다.

산 정상에 도착해 바람을 만나고, 다시 가드를 올리며 도전하는 그들의 모습은 절박함 속에서도 희망을 전한다. 넘어졌지만 그것이 배움과 성숙의 기회가 된다는 것을 깨닫고 다시 일어서는 마지막 장면은 누구에게나 힘이 된다. 책을 덮을 때쯤 글과 그림 너머 삶에 대한 통찰을 깨달을 때 마음속에서 솟아나는 응원과 격려가 있을 것이다.

수업 목표

삶이 때로는 산에서 길을 잃고 헤매는 것처럼, 권투 선수가 링 위에서 고독하게 싸워야 하는 것처럼 막막하고 답답하다. 그럴 때 잠시 멈춰 서서 내 아픔에 손을 얹고 조용히 나를 바라본다. 호흡이 차분히 가라앉기를 기다렸다가 산 정상에서 바람을 만나는 순간처럼 내 안에서 불어오는 따스한 바람을 만나보자. 땀이 사라지고 기운이 도는 순간 말이다.

쓰러지고 넘어졌을 때 따뜻한 손길과 위로를 힘입어 다시 일어설 수 있으면 좋겠다. 다시 가드를 올리는 순간, 성공과 실패가 오고 가는 길 위에 건강하게 서는 순간, 거기서부터 또다시 오늘의 발걸음이 시작될 것이다.

이번 수업을 통해 '때로는 불합격할 수 있고, 넘어질 수도, 실패할 수도 있구나.'를 인정하고 담담히 받아들일 수 있는 지혜를 나누고 싶다. 삶이 늘 성공의 연속이 아니며 내가 원하는 대로 이루어지는 것도 아니라는 사실을 아는 것만으로도 차분하고 평온한 삶을 살 수 있지 않을까. 이 책을 통해 위로와 깨달음을 만나는 기쁨의 순간이 되길 바란다.

수업 계획

수업 흐름	내용	준비물
수업 열기	① 그림책 두 번 읽기 처음에는 그림 읽기, 두 번째는 글 읽기	
수업 펼치기	② 인터뷰를 위한 개인 질문 만들기	포스트잇
	③ 모두가 참여하는 인터뷰	권투 글러브나 장갑(빨간색)
수업 다지기	④ 나에게 초점 맞추기	활동지

수업 속으로

① 그림책 두 번 읽기. 처음에는 그림 읽기, 두 번째는 글 읽기

이 책은 권투 장면을 그리고 있다. 링 위에서 두 선수가 상대를 향해 펀치를 날린다. 빨간 주먹의 선수는 상대 선수의 강력한 타격을 막아내기엔 역부족이다. 계속 맞고 쓰러지면서도 끝까지 가드를 올리는 그. 이야기는 이렇게 끝난다.

그림책을 읽는다. 처음에는 그림만 보는데 이때 아이들에게 그림을 보며 이야기를 만들어 보자고 한다. 그러면 장면 하나하나에 아이들이 만든 이야기가 생겨난다. 픽! 이나 으악! 같은 효과음만 내지 않을까 걱정했는데 생각보다 훨씬 재미있게 잘 만든다. 그림을 읽고 난 뒤에는 그림의 전체적인 분위기나 느낌이 어땠는지 이야기한다.

두 번째는 글만 읽어 본다. 이 작품은 의문문으로 끝나는 문장을 여러 번 사용해서 산에서 길을 잃고 헤매는 불안함과 절박함을 사실적으로 그려낸다. 문장이 간결해서 쉽게 읽을 수 있지만 바람이나 좁은 길 같은 표현의 의미를 알기 위해서는 글 전체의 맥락을 잘 이해해야 한다. 글을 읽은 후에 그림과 어떤 점에서 공통적인지 이야기한다. 그림과 글을 천천히 읽었으면 다음 단계로 넘어간다. 이 책에서 전하는 주제나 의미를 처음에 다 알려주지 말자. 깊이 읽기를 하면서 자연스럽게 터득할 것이다.

② 인터뷰를 위한 개인 질문 만들기

인물과 사건에 대해 이해하고 주제를 파악하기 위해 권투 선수 인터뷰하기를 한다. 아이들 중 한 명이 작품 속 인물인 '빨간 주먹의 권투 선수'가 되어 질문에 답하는 활동이다. 인터뷰를 하려면 먼저 질문이 필요하다. 모든 질문은 책에서 찾으라고 한다. 그러면 이 과정에서 자연스럽게 책을 꼼꼼히 보고, 이리저리 뒤적였다가 다시 집중해서 들여다본다. 각자 책에서 찾아 포스트잇에 질문을 적는다. 포스트잇 하나에 질문 하나를 쓴다.

만약 질문 만들기를 어려워한다면 육하원칙을 떠올려 보자고 한다. '누가, 언제, 어디서, 무엇을, 어떻게, 왜'만 떠올려도 아이들은 금방 얼굴이 밝아진다. 이미 학교에서 자주 해 본 방법이니까. 또는 한두 개의 질문을 보여주고 이런 식으로 하면 좋겠다고 안내할 수도 있다. 아이들에게 이렇게 도움을 조금만 줘도 질문의 수준을 훨씬 높일 수 있다. 마지막으로 포스트잇에 쓴 질문을 모아 공유하는 과정을 거치면 질문이 더 정교해진다.

- 왜 처음에는 산에 단박에 오를 것 같다고 생각했습니까?
- 산에 오르는 것이 쉽지 않았던 이유는 무엇입니까?
- 좁은 길은 어떤 길입니까?
- 커다란 바위를 만났을 때 기분이 어땠나요?
- 왜 내려갈 생각을 했습니까?
- 권투 시합 중에 계속 공격을 당했는데 그때 기분이 어땠습니까?
- 길을 잃은 순간 몸의 상태는 어떠했습니까?
- 왜 바람을 만나고 싶었습니까?
- 아무도 없는 모퉁이에 섰을 때 어떤 기분이었나요?
- 앞으로 일어나길 바라는 것은 무엇인가요?

③ 모두가 참여하는 인터뷰

질문을 다 만들고 나면 인원수에 맞게 골고루 나눠야 한다. 나는 아이들에게 '답변할 수 있는 것'을 골라가라고 한다. 이렇게 하면 질문에 더 애착을 갖는 것을 볼 수 있다. 그리고 자신이 선택한 질문에 대해 답변을 쓰면서 정리하는 시간을 갖는다. 나는 여기서 한 번 더 끼어들어 이렇게 말한다. '질문이 너무 어려우면 언제든지 도움을 요청해. 친구들이랑 이야기 나누며 해 봐.' 아이들에게 이 말은 힘이 되고, 나는 이 말 때문에 즐겁다. 여기저기서 속닥거리는 소리가 얼마나 아름답게 들리는지.

만약 아이들이 피하는 질문이 있다면 억지로 권하지 말고 선생님이 가져가시길. 마지막 순서로 선생님이 권투 선수가 되어 미처 다 나누지 못한 이야기는 자연스럽게 정리해 준다.

질문에 답하기 전에 권투 선수가 되는 상상을 해보렴. 그리고 너의 생각을 편안하게 말하면 돼. 네가 권투 선수라면 격렬하게 겨루는 동안 무엇을 만나고 느낄까?

우리는 인터뷰에 모두가 참여하기 위해 순서를 바꿔가며 권투 선수가 되기로 했다. 링에서 방금 시합을 마치고 나온 것 같은 권투 선수가 되면 답변을 준비했던 질문지는 인터뷰어들에게 골고루 나누어 주고 빨간 글러브나 장갑을 착용한다.(다행히 복싱 배우는 아이가 있어서 어렵지 않게 빌릴 수 있었다.) 실감 나는 인터뷰를 위해서다.

한 아이는 권투 선수, 다른 아이들은 인터뷰어가 됐다. 각자 역할이 정해지고 질문지를 보며 인터뷰를 시작한다. 인터뷰가 시작되자 권투 선수는 자세와 목소리를 가다듬고 질문에 대한 답변을 한다. 끊임없이 넘어지고 쓰러져도 다시 일어서는 권투 선수를 이곳에서 만나는 기회를 갖게 된 것이다.

자신이 맡은 질문에 답변을 한 후에는 옆에 앉은 친구에게 장갑을 넘긴다. 방금 전까지 인터뷰를 하던 아이가 장갑을 끼는 순간 권투 선수가 되는 것이다. 그리고 자신이 선택한 질문을 다른 인터뷰어에게 듣고 답을 말한다. 그렇게 빙 둘러앉아 차례대로 장갑을 넘기며 모두가 말할 수 있는 기회를 갖는다. 어떤 말을 할지 이미 생각했기 때문에 아무 말도 하지 못해서 얼굴이 빨개질 일은 없다.

질문에 대한 정답을 찾기보다 아이들이 어떤 생각을 하고 있는지 관심 있게 들어보자. 권투 선수의 감정을 느끼고 말하면서 우리는 나름대로 그의 처지를 이해할 것이다. 나아가 이야기에 그치지 않고 나의 문제를 떠올리고 어떻게 할 것인지 그 방법을 구할 수 있을 것이다.

인터뷰하는 방법
1. 인터뷰할 질문을 만든다.
2. 답변할 수 있는 질문지를 선택한다.
3. 답변을 생각한다.
4. 역할을 정한다.
5. 순서대로 권투 선수가 되어 자신이 생각한 답을 말한다.

④ 나에게 초점 맞추기

우리는 산에서 길을 잃고 방황하는 장면과 권투 선수가 쉴 새 없이 지치고 쓰러지는 장면을 떠올리면서 책을 읽고 나누었다. 권투의 치열함을 통해 삶이란 때로 넘어질 수도, 실패할 수도 있다는 것을 알았다. 또 어떻게 나아가야 하는지 함께 고민했다.

이제 세 개의 질문에 대한 답을 쓴다. 힘들었던 순간을 떠올리면 잊고 있던 감정들이 일어날 수 있다. 그래서 때로는 쓰기를 힘들어할 수도 있다. 이때 아이들이 쓰기를 두려워하지 않도록 다독여주면 좋겠다.

내가 만약 주인공이라면 어떻게 했을까?
내가 힘들었던 순간은 언제인가?
나는 어떻게 살아갈 것인가?

인터뷰하면서 나눈 이야기들을 떠올려 세 가지 질문에 대한 답을 적기 시작한 아이들. 남궁서연은 이런 글을 적었다.

나라면 포기했을 것이다. 하지만 이 책을 읽고 생각이 달라졌다. 나도 할 수 있다는 것을 알았다. 모두가 이 생각을 하는 건 아니지만 이 책을 읽으면 달라질 수도 있다.
나에게 힘들었던 순간은 1학년부터 6학년까지 방학 숙제를 하는 것이었다. 지금까지는 안 했는데 이 책을 보고 무엇이든지 열심히 해야겠다고 생각한다. 나도 무엇이든지 할 수 있다는 것을 이 책을 읽고 알았다.

다시 링 위에 올라서서 가드를 올리는 아이들에게 시 한 편 선

불하고 싶다.

민들레가 어디서든 잘 자랄 수 있는 건
어디로 데려갈지 모르는 바람에
기꺼이 몸을 실을 수 있는
용기를 가졌기 때문이겠지

어디서든 예쁜 민들레를 피워낼 수 있는 건
좋은 땅에 닿을 거라는 희망을 품었고
바람에서의 여행도 즐길 수 있는
긍정을 가졌기 때문일 거야

아직 작은 씨앗이기에
그리 조급해하지 않아도 괜찮아
그리 불안해하지 않아도 괜찮아

넌 머지않아 예쁜 꽃이 될 테니까
　-박치성, 봄이에게-

서로를 위하는 우정 『탄 빵』

『탄 빵』 이나래 글 · 그림, 반달, 2015

아침입니다.

똑딱 똑딱

통!

똑딱 똑딱 똑딱 똑딱

통!

……

오늘도 거북이 빵이 타 버렸습니다.

슥삭슥삭

한 조각씩

거북이 빵도 한 조각씩

잘 먹었습니다.

이나래, 『탄 빵』 중에서

———————◆———————

시작은 늘 낯설고 두렵다. 친구를 만나는 일은 더더욱 그렇다. 독서 모임에 오는 것도 어색하거나 긴장될 수 있다. 이 공간에서의 만남은 학교에서와는 다르기 때문이다. 자주 만나는 사이지만 마음을 내어놓고 이야기 나눌 일이 거의 없지 않은가.

우리, 낯설고 두려운 마음을 기대와 설렘으로 바꿔볼까? 잘할 수 있을지 떨리고 걱정이 되지만 마음속에 숨겨둔 호기심과 반가움을 꺼내 함께 출발해볼까?

이 책은 종이봉투에 담겨 있다. 겉표지에 탄 빵 하나가 크게 그려져 있고 면지는 온통 까맣다. 다음 페이지에는 5마리의 동물들이 걸어가고 있고 한 장 더 넘기면 거북이 혼자 서 있다. 약간 불안한 표정으로, 엉거주춤하게.

동물 친구들은 매일 아침 빵을 구워 나누어 먹는다. 각자 자신만의 방법으로 빵을 구워내고 거북이도 빵을 굽는다. 하지만 거북이의 빵은 오늘도 다 타버렸다. 제대로 굽기 위해 날마다 애를 쓰지만 느리고 서툰 거북이는 또 실수를 한다. 거북이가 어쩔 줄

몰라 하며 탄 빵을 들고 친구들에게 다가간다. 친구들은 거북이의 빵을 보고 실망하거나 먹기 싫다고 외면하지 않는다. 각자 자신이 구운 빵을 6조각으로 나누고 모두 함께 나누어 먹는 것으로 이야기는 끝난다.

모임의 주체인 아이들이 앞으로 모임이 진행되는 동안 협력하며 잘 지낼 수 있을지 궁금하다. 또 친구와의 우정을 중요하게 여기고 서로 배려하기를 바란다. 이 책에서 말한 것처럼 이 모임에서 다들 자신의 몫만큼 빵을 구워내고 그것을 나눌 수 있으면 좋을 텐데. 거북이와 동물 친구들이 그랬던 것처럼 우리도 각자 가진 능력과 생각의 차이를 인정할 때 훨씬 다정한 관계를 맺을 수 있을 것이다.

수업 목표

오늘 만난 우리는 아직 어색하다. 또 함께 책 읽기가 어렵거나 불편할 수 있다. 서로 친해질 수 있는 시간이 필요하다. 함께하는 독서의 재미를 느끼려면 아이들이 이 모임을 편안하고 안전한 곳이라고 여겨야 한다. 나아가 우정이 무엇인지 곰곰이 생각해보고 서로가 서로에게 소중한 사람이라는 것을 느껴야 한다.

오늘도 빵을 태워서 탄 빵을 들고 오는 거북이를 있는 그대로 인정해주는 것처럼 때로는 실수하고 부족해도 함께하는 마음이 있다면 무엇이든 나눌 수 있다. 관계의 단단함이 이 수업을 지속하게 하는 힘이 될 것이다. 같이 책 읽는 순간이 즐겁고, 함께 라서 더 행복한 시간이 되기를 바라며 이 수업을 계획했다.

수업 계획

수업 흐름	내용	준비물
수업 열기	① 이야기 나누며 책 읽기	
수업 펼치기	② 우리도 동물들처럼 조각 모아볼까? : 레고로 조각 만들고 완성하기	레고 블록
	③ 놀이터 사용설명서 작성하기	포스트잇
수업 다지기	④ 소감 말하기	

수업 속으로

① 이야기 나누며 책 읽기

책이 종이봉투 안에 들어 있다. '오늘은 빵 수업이야'라고 말하면서 책을 살짝 꺼낸다. 표지에는 검게 탄 빵 한 조각이 그려져 있고 표지를 넘기면 까만 면지로 이어진다. "무슨 내용일 것 같아?"라고 묻자 아이들이 면지와 제목으로 각자 이야기를 예측하기 시작했다. 그래, 탄 빵이 중요해 보이지? 이제 탄 빵 이야기 시작해보자.

질문하며 책을 읽어 나간다. "자, 이제 등장인물이 나오네. 모두 5마리구나. 아니, 여기 거북이 혼자 또 있네." 나는 장면을 넘기며 아이들과 말을 주고받는다. 이 책은 글이 거의 없어서 글만 읽다 보면 금세 책을 덮을 수 있기 때문에 천천히 내용을 파악하며 읽는 것이 중요하다. 다음은 책을 읽으며 했던 질문이다.

- 거북이 표정이 어때 보여?
- 첫 번째 빵은 누가 굽고 있는 장면일까?
- 거북이는 몇 번째로 빵을 구웠니?
- 거북이가 탄 빵을 보고 어떤 기분이었을 것 같아?
- 동물들이 빵을 굽고 나서 뭘 하는 것 같아?
- '오늘도 거북이 빵이 타 버렸습니다.'는 무슨 뜻일까?
- 접시에 6조각의 빵을 올려두었네. 어때 보여?
- 마지막 장면 보고 느낀 점 말해볼까?
- 가장 기억에 남는 장면 말해볼까?

책을 다 읽고 나니 마음이 따뜻해진다. 다들 무엇을 느꼈을까? 우리는 책을 함께 읽을 팀이 되었고, 앞으로 계속 만났으면 좋겠다고 하니 고개를 끄덕인다. 동물 친구들이 서로 빵을 구워 나누는 이야기가 우리의 이야기가 되었으면 좋겠다.

② 우리도 동물들처럼 빵 조각 모아볼까? : 레고로 조각 만들고 완성하기

"함께 하기 위해 우리에게 필요한 것이 무엇일까?"

대화, 우정, 돕는 마음이라는 이야기가 오고 간다. 이것들은 눈에 보이지 않으니까 이런 생각을 잘 담아서 레고 블록으로 표현

해보자고 했다. 알록달록한 레고 블록을 보자 갑자기 신이 난다. 무엇을 만들까 이야기를 나누었다. 놀이터에 있는 놀이기구를 하나씩 맡아서 만들기로 했다. 빵 조각을 모아 접시에 담았던 것처럼 우리도 각자 만든 놀이기구를 모아 놀이터를 완성하자고 했다. 한 아이는 미끄럼틀을 만들고, 또 다른 아이는 그네를 만들었다. 아이들은 친구와 나눌 놀이기구를 만들고 있다는 이유 하나만으로도 즐겁게 참여했다. 자기가 맡은 것을 다 만들고, 친구를 도와주기도 하면서 만든 것들을 모았다. 책 속의 이야기가 살아나는 순간이었다.

③ 우정 놀이터 사용설명서 쓰기

놀이기구를 만들어서 나누는 재미를 충분히 즐겼다면 이제 의미에 집중해 보고 싶었다. 가장 먼저 놀이터의 이름을 짓기로 했는데 친구들과 함께 만든 놀이기구를 모아놓고 우리의 마음을 담을 수 있는 놀이터 이름을 지어보자고 했다. 여러 이름을 지어보면서 오늘 배움과 연결되는 이름을 고르면 된다. 우리는 우정 놀이터라고 이름을 붙였다.

수업의 마지막 활동인 '놀이터 사용설명서'를 썼다. 포스트잇에 미끄럼틀과 시소, 그네 같은 놀이기구들의 사용설명서를 이렇게 썼다. 사용설명서를 함께 쓰면서 우리가 나눌 때 행복하다는 것을 알 수 있었다.

〈 우정 놀이터 사용설명서 〉
1. 밀어줘서 고마워 그네: 힘껏 밀어주면 더 짜릿하고 신나요.
2. 함께 탈 때 더 즐거운 시소: 눈을 마주치며 웃으면서 타요.
3. 차례차례 내려와요 미끄럼틀: 약속한 방향으로 타고 내려오며 재미있게 놀아요.

놀이터를 보면서 아이들은 무엇을 느꼈을까? 수업에서 의도한 대로 서로의 도움과 나눔, 단단한 관계 맺기를 중요하게 생각하게 되었을까? 놀이터가 완성되기까지 친구와 함께한 즐거움을 알고 고마워하게 되었을까? 경쟁보다 마음 따뜻해지는 것이 협력이라는 것을 깨달았을까? 확실한 것은 아이들이 모두 즐겁게 놀았다는 것이다. 같이 놀이터를 꾸미고, 이름을 붙이고, 설명서를 만들면서 아주 친해졌다는 것이다.

④ 소감 말하기

'나도 거북이 같은 적이 있었다.' '나도 거북이 같은 친구나 동생이 있다.' 두 문장 중에 하나를 선택해서 자신의 경험을 말하는 것으로 했다. 한 명씩 돌아가며 말하는 동안 우리 모두 비슷한 경험을 했다는 것을 알게 된다. 내가 때로는 거북이가 되기도 하며 때로는 거북이를 만나기도 한다는 사실은 상대방의 처지와 입장을 이해하는 대화로 이어진다. 한참 놀고 난 뒤에 오는 평온한 깨달음. 이 여운이 오랫동안 아이들 마음속에 남길 바라며 수업을 마친다.

6

함께, 더 높이『독수리와 굴뚝새』

『독수리와 굴뚝새』 제인 구달 글, 알렉산더 라이히슈타인 그림, 최재천 · 김목영 옮김, 토토북, 2015

마침내 하늘에는 한 마리 새만 남았어요.

저 높은 하늘을 나는 새는

꼭 천국에 있는 것처럼 보였어요.

바로 독수리였어요.

그러나 독수리도 더 이상은 높이 날 수 없었지요.

독수리는 지쳤지만, 하늘을 가르며 자랑스럽게 혼잣말을 했어요.

"내가 이길 줄 알았어."

그때였어요.

의기양양하게 하늘을 날고 있는 독수리의 두툼한 깃털 속에서 무언가가 기어 나왔어요.

독수리는 깃털 속에서 나온 작은 새를 발견하고는 깜짝 놀랐어요.

자그마한 굴뚝새는 독수리보다 더 높이 날아올랐어요.

독수리는 굴뚝새를 따라 잡아 보려 했지만,

너무 지친 나머지 그럴 수 없었어요.

독수리가 굴뚝새에게 물었어요.

"어찌 그렇게 높이 날 수 있니?"

아주 작은 굴뚝새는 살며시 웃으며 말했어요.

"네가 여기까지 데려다줬잖아. 나 혼자서는 이렇게 높이 날지 못했을 거야. 하지만 걱정하지 마. 이번 시합에서는 네가 이겼어."

굴뚝새가 말을 이었어요.

"예전부터 이렇게 높은 곳에서 내려다보는 세상은 어떤 모습일까 늘 궁금했어. 이젠 알았어. 지금 이 순간을 오래도록 잊지 못할 거야. 고마워."

제인 구달, 『독수리와 굴뚝새 – 함께, 더 높이』 중에서 이 책의 표지를 쫙 펼쳐서 보면 큰 날개를 가진 독수리 옆에 점만큼 작은 굴뚝새 한 마리가 있다. 푸른 하늘을 유유히 나는 두 마리의 새를 가만히 들여다본다. 나는 지금 독수리로 살고 있는가 아니면 굴뚝새와 같은가?

예전에도 굴뚝새였고 지금도 굴뚝새인 것 같다. 어린 시절에는 스스로 독립할 수 없었으니까 굴뚝새였고, 어른이 되어서도 늘 무언가 시작할 때마다 누군가의 도움이 필요한 굴뚝새다. 도움을 부탁할 용기도 없어서 스스로 날아오르기를 주저했다. 어렸을 때 힘들어하는 부모님을 걱정하며 고민과 부탁을 내맡길 수 없었던 버릇은 어른이 되어서도 마찬가지였다. 작고 마른 굴뚝새. 그래서 삶이 나를 재촉하며 빨리 날아오르라고, 높이 날아야 한다고 말할 때마다 그렇게 불안했던 걸까.

이 책을 처음 만난 때를 잊지 못한다. 책 속에서 굴뚝새는 더 높은 곳에서 세상을 보기 원했고, 용기를 내서 날아올랐다. 푸른 하늘을 마음껏 나는 굴뚝새가 아름다웠다. 나는 꿈과 지혜로 자신의 한계를 넘어서서 자유를 만끽하고 있는 모습에 깊은 감동을 받았다.

굴뚝새는 내 안에 들어와 두려움과 불안으로 똘똘 뭉친 덩어리를 스르르 풀어냈다. 굴뚝새가 나의 독수리가 된 셈이다. 그 작은 굴뚝새가 나를 데리고 날아올라 높은 곳에서 많은 것을 보여주었다. 여기까지 날아온 것에 대한 인정과 축하. 그리고 앞으로 혼자 모든 것을 해결하지 않아도 된다는 위로. 함께 날아오를 때 더 높이, 더 멀리 갈 수 있다는 격려.

이 책 앞부분에 제인 구달이 쓴 편지가 있다. '나의 고마운 독수리에게'라는 편지인데 '우리 곁에는 저마다의 독수리가 있다.'고 말한다. 나의 독수리에 대해 생각한다. 굴뚝새인 나를 여기까지 데리고 와 준 많은 독수리의 수고로움과 감사를 느낀다. 더불어 내가 데리고 갈 굴뚝새들을 떠올린다. 나의 두툼한 깃털 속에 안전하게 보호하고 올바른 방향으로 날 수 있도록 이끌어주고 싶다. 그들이 힘들어할 때 감싸 안아주고 꿈과 지혜를 마음껏 펼칠 수 있도록 기다려주고 싶다.

함께, 더 높이 푸른 하늘을 비행할 나의 모든 독수리와 굴뚝새에게 이 책을 전한다.

수업 목표

독수리와 굴뚝새는 상징적인 표현이다. 아주 쉽고 재미있는 이야기를 읽는 동안 나를 이끈 많은 사람들을 떠올리며 그들이 특별하고 소중한 존재임을 알게 됐다. 독수리와 굴뚝새가 함께 더 높이 하늘을 날았던 것처럼 우리도 함께 도움을 주고받으며 살면 좋겠다. 다른 사람을 위해 내 재능을 마음껏 발휘할 때 만족과 기쁨을 느끼고, 내가 힘들고 어려울 때 나를 다독여 줄 사람을 만나기 바란다.

오늘 수업에서는 독수리도 되어 보고 굴뚝새도 되어 이야기 나누려고 한다. 그러다 보면 우리가 도움을 주고받으며 사는 관계라는 것을 알게 될 것이다. 서로가 두툼한 깃털 같은 사랑의 힘으로 성장하기를 바라며 이 수업을 시작한다.

수업 계획

수업 흐름	내용	준비물
수업 열기	① 역할 정해 그림책 읽기	
수업 펼치기	② 독수리와 굴뚝새 공감하기 – 나도 이런 적 있다!	활동지
수업 다지기	③ 나의 고마운 독수리에게 편지쓰기	활동지

수업 속으로

① 역할 정해 그림책 읽기

이 책에는 다양한 동물들이 등장한다. 누가 가장 높이 나는지를 두고 새들끼리 말다툼하는 장면에서는 종달새, 비둘기, 독수리, 올빼미가 자기 자랑을 하고 타조와 올빼미, 굴뚝새도 시합 중간중간 등장해 이야기를 이끌어간다. 이번에는 역할을 나누고 실감나게 읽기로 했다. "종달새에 어울리게 읽어 줘. 굴뚝새는 어떤 목소리로 말할까?"라고 말하자마자 곧 각자 맡은 역할에 푹 빠져 새를 흉내 낸다. 시키지 않은 효과음도 제대로다. 책 읽는 내내 서로의 목소리를 들으며 깔깔대고 웃는 동안 그림책 한 장 한 장 잘도 넘어간다.

② 독수리와 굴뚝새 공감하기 – 나도 이런 적 있다!

주인공인 독수리와 굴뚝새에 집중하는 활동이다. 독수리와 굴뚝새의 이야기와 비슷한 나의 경험을 말함으로써 작품의 주제를 이해할 수 있다. 이 활동은 두 번 하는데 처음에는 '나도 굴뚝새였던 적이 있다'를 생각해서 쓰고, 그다음에는 '나도 독수리였던 적이 있다'를 쓴다.

나도 굴뚝새였던 적이 있다. 언제였냐면, 그때의 기분은,	나도 독수리였던 적이 있다. 언제였냐면, 그때의 기분은,

말할 순서를 정하고 한 명씩 앞으로 나와서 '나도 굴뚝새였던 적이 있어. 그게 언제였냐면……'으로 시작하는 이야기를 1분 정도 짧게 말한다. 다른 아이들은 잘 듣고 자신도 비슷한 경험을 한적이 있거나 이야기에 공감하면 말하는 친구와 가까운 거리에 서고, 공감하기 어렵거나 굴뚝새와 관련된 이야기가 아니라고 생각되면 멀리 서서 자신의 의견을 표시한다.

처음으로 말하게 된 아이가 어려워하는 기색이 보이면 살짝 시범을 보여줘도 좋겠다. 아이들이 편안한 마음으로 자기 이야기를 꺼낼 수 있도록 돕는 게 중요하니까.

마찬가지로 한 명씩 '나도 독수리였던 적이 있다'를 발표한다. '나도 독수리였던 적이 있어. 그게 언제였냐면……'으로 이야기를 시작한다. 다른 아이들은 이야기가 끝난 후 공감과 이해에 따라

일정한 거리에 서서 의견을 표시한다.

이서호는 이렇게 말했다.

> 나도 독수리였던 적이 있다. 언제였냐면 내가 동생들을 돌봐야 할 때다. 나에게는 쌍둥이 여동생이 있는데 엄마 아빠가 일하시기 때문에 내가 동생들을 돌봐야 할 때가 많다. 항상 그런 건 아니지만 좀 힘들 때가 있다. 동생들이 쌍둥이라서 힘들기도 하지만 나랑 성격이 맞지 않아서 더 힘들다.

내가 어떤 독수리였고 어떤 굴뚝새였는지 알았다면, 앞으로는 무엇을 선택하고 싶을까. 하늘에서 새들이 함께 어울려 사는 모습이 아름다운 것처럼 우리도 서로 도움을 주고받으며 사는 관계라는 것을 알게 된 것이다.

③ 나의 고마운 독수리에게 편지쓰기

이 책 앞부분에 제인 구달이 쓴 편지가 있다. '나의 고마운 독수리에게'라는 편지인데 이 작품의 주제를 담고 있다. 그래서 책 읽을 때는 이 편지를 나중에 읽는 것이 좋다.

우리도 '나의 고마운 독수리, ＿＿＿＿＿께(에게)' 라고 편지를 써보자. 자신의 독수리를 생각하며 그동안 받은 사랑과 헌신에 감사함을 전하면 좋겠다고 말하니 저마다 누군가를 생각하다 연필을 잡는다. 사각사각 글 쓰는 소리, 쓰다가 멈추어서 고마움을 찾는 순간의 정적이 반갑다. 누구를 떠올렸든지 저마다 마음이 따뜻해질 것이다. 고마움을 표현할 때 느끼는 마음의 온도가 그렇다. 편지를 정성스럽게 쓰는 모습을 보니 아이디어 하나가 '반짝!' 떠오른다.

"얘들아, 다 썼으면 우리의 마음을 담아 편지지를 오려볼까?"

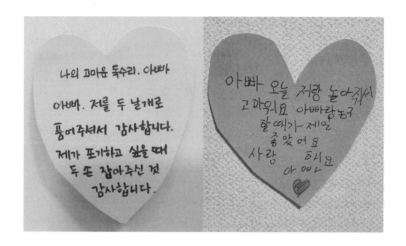

풀꽃으로 전하는 환대 『연남천 풀다발』

『연남천 풀다발』 전소영 글 · 그림, 달그림, 2019

모든 것은 가을로부터 시작되었다.

깃털처럼 가벼운 것들이

조금씩 조금씩

세상을 실어 나른다.

씨앗은

사람들의 발길이 닿지 않는 땅,

버려진 화분,

아스팔트 틈새에서 몸을 웅크리고 다음 해를 기다린다.

그 곁에 구부려 앉아 보내는 응원.

툭, 힘을 내.

전소영, 『연남천 풀다발』 중에서

━━━━━━━━━◆━━━━━━━━━

『연남천 풀다발』은 제목에서 알 수 있듯이 연남천에 살고 있는 풀꽃을 자세히 관찰해서 쓴 책이다. 꾸밈없는 그림과 음미하고 싶은 글을 마주 대하고 있으니 편안하다. 단어 하나하나가 주는 긴 울림이 꼭 시를 읽는 것만 같다.

페이지를 넘기면 계절마다 볼 수 있는 풀과 꽃, 그리고 열매가 등장한다. 이들은 살아온 모습 그대로 우리를 반기며 다정하게 말을 건다. 가만히 들어볼까? 어떤 이야기인지.

모든 것은 가을에서부터 시작된다. 가을이 되면 풀은 자신의 씨앗을 세상에 내보낸다. 그것은 가장 아름다운 일이며 철에 따라 다른 모습으로 삶을 이어간다. 땅에 떨어진 씨앗이 머리를 내밀어 해를 보는 일, 꽃이 피고 지는 일, 겨울을 준비하는 일, 다시 봄을 맞이하는 일, 뿌리를 내리고 싹을 피우는 일, 나날이 키가 자라고 꽃을 피우는 일, 여름을 지나며 열매를 맺는 일, 그리고 다시 성숙하게 가을을 맞이하는 일.

자연의 흐름에 따라 순응하며 자신의 일을 묵묵히 해내는 풀의 이야기는 우리의 삶과 크게 다르지 않다. 우리도 살면서 수없이 봄, 여름, 가을, 겨울 같은 삶을 만나지 않는가. 어느 시절에 있든 그 삶을 응원하며 격려하는 작가의 나지막한 목소리가 들린다. 화려한 꽃이 없어도, 큼직한 열매를 맺지 못해도 절대 사라지지 않는 아름다움이 있으니 그 진실된 아름다움으로 삶을 가득 채우길 바란다는 메시지가 마음을 어루만진다.

각각의 아름다움이 함께 어우러진 풀다발 같은 우리. 그림책으로 우리는 무엇을 만나며 배우게 될까? 풀이 씨앗을 가볍게 퍼뜨리는 것처럼 우리 마음속에 씨앗 하나 품고 가볍게 발걸음을 옮긴다.

수업 목표

우리 주변에 있는 풀과 꽃과 열매를 언제 봤는지 기억을 떠올려 보면 음, 흐릿하다. 그런 것들은 사소한 것이고 관심 없다고 말하는 아이들과 이 책을 읽고 싶다. 책을 함께 읽으며 계절에 따라 피고 지는 작지만 소중한 것들에 대한 의미를 발견하기를 바란다. 더불어 나를 둘러싼 자연의 아름다움과 자연이 알려주는 삶의 비밀을 만났으면 좋겠다.

수업 계획

수업 흐름	내용	준비물
수업 열기	① 모든 것은 _____로부터 시작되었다.	
수업 펼치기	② 마음에 드는 장면 골라 글쓰기	
	③ 마음에 드는 문장 고르고 나뭇잎 갈런드 만들기	나뭇잎 모양으로 자른 종이와 엮을 끈
수업 다지기	④ 배우고 느낀 점 이야기하기	

수업 속으로

① 모든 것은 _____로부터 시작되었다.

이 활동은 책 읽기를 시작하기 전에 동기유발을 위한 놀이이다. 아이들에게 '모든 것은 _____로부터 시작되었다.'만 보여주고 만남과 관련된 문장을 만들어 보자고 한다. 정답이 없으니 아이디어가 기발할수록 더 재미있을 것 같다고 말하면 좀 더 편하게 받아들인다. 여러 단어를 떠올려 보고 마음에 드는 것을 정해서 순서대로 말하며 수업의 문을 연다.

"예를 들어, 모든 것은 3월로부터 시작 되었다라고 말하면 어때?"라고 살짝 운을 떼면 무슨 말인지 알아듣고 온갖 상상과 발설이 난무하기 시작한다. 그러면 하나씩 맞장구치면 된다.

모두 말하고 나면 이 책의 첫 문장을 말한다.

"모든 것은 가을로부터 시작되었다."
"아름다운 가을을 장식하고 있는 이 풀꽃으로 너희를 축하해. 나는 너희들을 이곳으로 초대해서 정말 기뻐. 우리는 이곳에서 어떤 이야기들을 나누게 될까? 우리 모두에게 이 시간이 즐거운 기억으로 남았으면 좋겠어."

이 한 문장만으로도 우리가 만난 것을 축하하기에 충분하다. 갑자기 시작된 고백에 모두들 오글거린다며 내 눈을 피하지만 진짜 듣기 싫을까. 그렇다고 하기엔 아이들의 입꼬리가 살짝 올라가 있다.

② 마음에 드는 장면 골라 글쓰기
이제 본격적으로 그림책 수업을 진행할 차례.
페이지마다 다양한 색깔과 모양을 한 풀꽃이 그려져 있고 이에 어울리는 글이 있다. 그림책을 읽기 전에 글은 포스트잇으로 가린다. 그림만 보기 위해서다. 처음부터 끝까지 넘겨 가며 그동안 스쳐 지나갔을 법한 이름 모를 풀과 꽃과 열매를 눈여겨본다. 우리 주변에 이런 것들이 언제 피어 있었지? 글을 읽기 전에 이들과 먼저 만나보고 싶었다. 그 아름다움에 몰입하고 싶었다. 아이들은 길을 걷다 우연히 봤을 풀꽃을 떠올리며 각자 마음에 드는 장면을 하나씩 골랐다. 그리고 떠오르는 생각을 그림과 잘 어울리게 포스트잇에 적는다. 자기 이야기를 쓰는 것이다. 순간 왁자지껄했던 분위기는 쏙 사라지고 다들 뭔가 적기 시작했다.
이제 다 쓴 글을 돌아가며 읽는다.
감탄과 호응과 부끄러움과 미소들.

③ 마음에 드는 문장 고르고 나뭇잎 갈런드 만들기

그림책을 천천히 다시 읽는다. 그리고 작가가 쓴 글에서 마음에 드는 문장을 고른다. 글은 가을을 시작으로 다시 가을을 만날 때까지 풀꽃의 삶을 이야기한다. 또 자연의 모습을 통해 우리의 삶을 이야기한다. 그리고 쓴 글을 다시 읽으며 삶을 아름답게 살 수 있는 방법을 얻을 수 있다. 짧지만 따스한 글을 마음에 담아두었으면 좋겠다.

갈런드는 벽이나 천장에 매달아 실내를 장식하는 용도로 쓰인다. 우리는 종이에 글을 써서 읽은 책과 어울리게 나뭇잎 모양으로 오린 색종이에 글을 정성껏 적었다. 꽃과 풀 그림을 그려 꾸미기도 했다. 각각의 종이를 끈으로 엮으면 예쁜 작품이 된다. 마지막으로 우리가 있는 공간에 걸어놓으면 끝.

갈런드가 상상했던 것보다 예쁘다. 나뭇잎 한 장 한 장이 만들어낸 멋진 결과물!

④ 배우고 느낀 점 이야기하기

1시간 정도 예상했던 수업이 순조롭게 흘러왔다. 이제 마지막으로 돌아가며 끝인사를 해야지.

"오늘 이 책에서 네가 알게 된 것, 느낀 것이 무엇일까?"

"가을이 너에게 준 선물은 무엇일까?"

"만난다는 것은 어떤 것일까?"

제5장

확장해서 읽기

내가 행복한 이유, 감사
「난 내가 마음에 들어」

「난 내가 마음에 들어」 『그건, 사랑이었네』 한비야 글, 푸른숲, 2009

흔히 인생을 여행에 비유한다. 전적으로 동의한다. 특히 '걱정 가불'이라는 측면에서는 말이다. 여행이야말로 어찌 보면 셀 수도 없고 종류도 다양한 '걱정 종합 선물 세트'다. 여행 중 병이 나면 어쩌나, 예약이 잘못되어 차를 못 타거나 길에서 밤을 새워야 하면 어쩌나, 돈이나 여권을 잃어버리면 어쩌나, 흉악한 사람을 만나 험한 꼴을 당하면 어쩌나, 같이 간 일행하고 사이가 나빠지면 어쩌나…… 이런 걱정을 안 하려면 방법은 간단하다. 아예 여행을 떠나지 않으면 된다. 그러나 인생이란 여행은 태어난 이상 앞으로 나아가지 않을 수 없는 법. 그래서 나는 이 인생이란 여행길에 아직 일어나지도 않은 일을 걱정하기보다는 지금 이 순간 만난 사람들, 맞닥뜨리는 사건 사고들, 길옆에 펼쳐진 풍경을 보고 듣고 느끼고 실컷 표현하면서 살기로 했다.

한비야, 「난 내가 마음에 들어」 중에서

나의 행복은 비교를 모르는 것
나의 불행은 남과 비교하는 것

남보다 내가 앞섰다고 미소 지을 때
불행은 등 뒤에서 검은 미소를 지으니

이 아득한 우주에 하나뿐인 나는
오직 하나의 비교만이 있을 뿐

어제의 나보다 좋아지고 있는가
어제의 나보다 더 지혜로워지고
어제보다 더 깊어지고 성숙하고 있는가

박노해, 「행복은 비교를 모른다」

박노해 시인의 시 '행복은 비교를 모른다'의 일부이다. 어제의 나만이 나의 비교 대상이며 세상의 잣대에 흔들리지 않을 때 행복하다는 메시지가 담겨 있다. 이 시를 읽고 나는 다른 사람의 것과 비교하는 습관에서 단번에 벗어날 수 있었다. 더불어 나 스스로를 긍정적으로 바라볼 수 있었다. 내가 가진 모든 것에 대해 감사하는 마음도 생겼다. 나의 신체에서 시작된 감사는 나의 가족, 환경, 관계, 삶으로 번져나갔다. 결국 '오늘의 나'는 가장 마음에 드는 나이며 매일 더 성숙할 것이라는 확신을 품게 되었다.

이번 수업에서 한비야의 에세이 『그건, 사랑이었네』에 수록된 「난 내가 마음에 들어」를 같이 읽으려고 한다. 이 글이 자신을 사랑하는 법을 잘 알려주고 있기 때문이다. 작가는 자신이 마음에 드는 이유를 구구절절 풀어낸다. 그 이야기가 웃기기도 하고 마음을 흔드는 감동도 있다. 이 글을 읽으며 어떤 상황에서든 자신을 소중히 여기는 길을 선택할 수 있으면 좋겠다. 때로 흔들려도, 부족해도 자신을 믿고 당당히 걸어가는 용기와 믿음을 배우기 바란다.

수업 목표

자신에게 만족하며 사는 사람이 얼마나 있을까. 우리는 쉽게 다른 사람을 부러워한다. 저 사람처럼 되고 싶다고 생각한다. 그렇게 남과 자신을 비교하면서 박탈감과 열등감을 느낀다. 이렇게 부정적인 감정에 휩싸이면 만족감을 느낄 수 없고 행복하지 않다.

내가 가진 것에 만족한다면 있는 그대로의 나를 기꺼이 안아줄 수 있을 것이다. 또 누구도 대신할 수 없는 나의 삶을 소중하고 아름답게 여길 것이다. 나를 떠올리고 감사를 표현해보자. 찾아보면 감사한 것으로 가득한 삶. 감사히 여길 때 더 많은 행복의 열매를 수확할 수 있다. 내가 누리고 있는 것을 하나하나 세어보고 감사한 것들을 기록하기 위해 감사 일기를 쓰는 것이 이번 수업의 목표이다.

수업 계획

수업 흐름	내용	준비물
수업 열기	① 한 문단씩 돌아가며 읽고 마음에 드는 단어나 문장 고르기	
수업 펼치기	② 내 이야기로 바꿔 쓰기	활동지
	③ 감사일기장 만들기	활동지
수업 다지기	④ 감사일기 쓰기	활동지

수업 속으로

① 한 문단씩 돌아가며 읽고 마음에 드는 단어나 문장 고르기

친구들과 둘러앉아서 한 문단씩 돌아가며 읽는다. 내용이 어렵지 않고 재미가 있어 지루하지 않은 글이다. 한 문단을 읽고 나면 마음에 드는 단어나 문장을 골라 표시한다. 각자 와 닿는 부분이 다를 수 있다. 이렇게 소리 내서 읽고 인상적인 부분을 찾는 동안 집중해서 꼼꼼히 읽을 수 있다.

② 내 이야기로 바꿔 쓰기

「난 내가 마음에 들어」의 첫 문장과 마지막 문장이다.

이런 말 하면 웃을지 모르지만 난 내가 마음에 든다. 다른 사람과 비교해서 잘났다거나 뭘 잘해서가 아니라 그냥 나라는 사람의 소소한 부분이 마음에 든다는 말이다.

우선 나는 내가 한씨라는 게 마음에 든다. 공씨거나 노씨나 변씨면 어쩔 뻔했나. 공비야, 노비야, 변비야보다 한비야가 백번 낫지 않은가. 나씨, 단씨, 왕씨였다면 나비야, 단비야, 왕비야가 되었을 텐데, 이 이름도 좋긴 하지만 역시 비야는 한비야가 딱이다. 사실 한씨는 어떤 이름에 붙여도 예쁘고 폼 나는 성이다. 그래서인지 요즘 뜨는 여자 연예인들 중에 한씨가 수두룩하다. 한예슬, 한고은, 한지민, 한지혜, 한효주……

나는 내게 어떤 선택권도 없이 주어진 성씨, 출생 연도, 집안에서의 출생 서열, 심지어 국적까지도 만족의 차원을 넘어 열광하는 내가 상당히 마음에 든다. 그러나 무엇보다도 인생이 괴롭다고 몸부림치며 살기보다 재미있다고 호들갑 떨며 살기를 선택한 내가, 나는 제일로 마음에 든다.

「난 내가 마음에 들어」 (한비야)

이 부분을 읽고 자신의 이야기로 바꿔서 다시 쓰라고 한다. 작가의 문장을 따라 써도 좋다. 따라 쓰면서 좋은 문장을 보고 배울 수 있고, 쓰기의 막막함과 부담을 덜어낼 수 있기 때문이다. 이근원은 자신이 좋아하는 것을 떠올려 마음에 드는 이유를 이렇게 썼다.

> 이런 말 하면 웃을지 모르지만 난 내가 마음에 든다. 다른 사람과 비교해서 잘났다거나 뭘 잘해서가 아니라 그냥 나라는 사람의 소소한 부분이 마음에 든다.
> 우선 나는 스트레스를 잘 푼다. 푸른 바다를 보면 스트레스가 풀린다. 내가 좋아하기 때문이다. 또 맛있는 음식을 먹어도 좋고, 음악을 들어도 스트레스가 날아간다.
> 스트레스를 훌훌 잘 털어버리고 신나는 삶을 사는 내가, 나는 제일로 마음에 든다.

③ 감사일기장 만들기

첫 장은 표지인데, 여기에 「난 내가 마음에 들어」 중 다음 문장을 필사한다.

나는 어제나 내일보다는 오늘이 좋다. 감정의 표현처럼 시간도 지금 내 손에 가지고 있는 것이 훨씬 만만하다. 과거는 이미 수정 불가능하고 미래는 아직 불투명하지만, 현재는 우리가 마음대로 요리할 수 있는 유일한 시간 아닌가. 그러니 그 시간을 되도록 짭짤하고 알차게 살고 싶은 거다. 마음껏 누리며 즐겁게 살고 싶은 거다.

그리고 일기장 제목을 붙여 볼까? '나의 삶이 소중한 _(이름)_ 의 감사일기'처럼 이름 앞에 좋아하는 말을 붙여서 일기장 이름을 만들었다. 이렇게 표지를 만들고 나면 감사 제목들을 적게 한다. 일기를 쓸 때는 이 제목을 보고 쓸 거리를 찾아보라고 했다.

1. 나의 몸에 대한 감사

<u>삶이 너무 재미있는 저승이</u> 의 감사일기

나는 언제나 내일보다는 오늘이 좋다. 감정의 포현 처럼

시간은 지금 내 손에 가지고 있는것이 확실 만만 하다

과거는 이미 수정 불가능하고 미래는 아직 불투명하지면

현재는 우리가 마음대로 요리할 수 있는 시간 아닌가?

그러니 그 시간을 되도록 잘 깔끔하고 알차게 살고싶은 거다

야물껏 누리며 살고 싶은 거다.

2. 내가 가진 것에 대한 감사

3. 나의 일상에 대한 감사

4. 나와 연결된 사람에 대한 감사

5. 그럼에도 불구하고에 대한 감사

④ 감사일기 쓰기

감사는 나에게 주어진 것을 당연하게 받아들이지 않고 특별하고 고맙게 여기는 마음의 표현이다. 감사하는 순간 행복이 찾아오는 것을 느낄 것이다. 자신의 내면을 드러내고 긍정적인 언어로 기록함으로써 자기를 이해하는 힘이 발휘되기 때문이다. 감사가 오늘을 더 빛나게 하길 바라며 감사일기 쓰기로 마무리한다.

날짜: 11월 17일
제목: 식물에 대한 감사

난 어제 서울을 다녀왔다. 내가 살고 있는 곳에서 2시간 떨어진 곳에 위치한 서울은 내게 소중한 시간을 안겨줬다. 우리는 양재 꽃시장에 갔는데 너무 아름다운 식물이 많았다. 그중에 네덜란드에서 온 편백나무를 샀는데 이 나무에게서 당근 냄새가 났다. 향긋했다. 내 키보다 작아서 귀엽기도 했다. 이걸 사주신 부모님께 감사하다. 그리고 편백이가 나에게 와 줘서 고맙다. 이제 나에게 새로운 목표가 생겼다. 그건 바로 편백이를 잘 키워 그 향기를 오래 맡고 싶은 것이다.

나의 강점 찾기 『꿈을 지키는 카메라』

『꿈을 지키는 카메라』 김중미 글 · 이지희 그림, 창비, 2017

선생님은 불쑥 장래 희망을 물었다. 순간 멍해졌다. 내 꿈이 뭐였더라? 한참만에야 내 꿈은 아버지의 만두 가게를 이어받아 백 년 전통의 만둣집 주인이 되는 거였음을 떠올렸다. 하지만 그 꿈은 이미 깨져 버렸다. 그런데 그때 불현듯 뭔가가 떠올랐다.

"전 VJ나 사진가가 되고 싶어요."

"VJ?"

"네, 카메라를 들고 세상 곳곳을 다니면서 숨겨진 사람들의 이야기를 알려주는 비디오 저널리스트요. 억울한 얘기, 세상에 꼭 알려야 할 얘기, 가슴 뭉클한 이야기 같은 걸 전해 주는 사람이 되고 싶어요."

"음, 멋진 꿈이네. 그런 꿈을 갖게 된 계기라도 있니?"

나는 선생님에게 명성 중앙 시장과 주변 동네의 재개발에 대해서 털어놓았다. 사진을 찍게 된 동기와 블로그에 대해서도 말했다.

김중미, 『꿈을 지키는 카메라』 중에서

━━━━━◆━━━━━

내가 가진 강점에 대해 생각해 본 적이 있을까? 누구나 자신이 가진 강점이 있을 것이다. 우리는 모두 다른 사람보다 뛰어난 점이 있음에도 자신의 강점에 대해 호의적이지 않다. 강점을 인식하고 있어도 당연하다고 여긴다. 특히 청소년기의 아이들은 평가나 성적의 우열을 경험하면서 자신을 부정적으로 보는 경향이 있다.

심리학에서는 자신을 긍정적으로 인식하는 것이 중요하다고 말한다. 자아존중감과 자기효능감이 높을수록 문제 상황에 성공적으로 대처할 확률이 높다는 연구 결과를 보더라도 아이들이 자신이 잘 해낼 수 있는 힘에 집중하는 것은 의미가 있다. 자신을 가치 있고 유능한 사람이라고 믿을 때 만족도가 높아지기 때문이다.

잠시 잊고 있던 나의 강점을 떠올려보자. 공부를 잘하고 달리기를 잘하는 것뿐만 아니라 잘 웃는 것도 이야기를 잘 들어주는 것도 강점이다.

이 책은 재개발로 삶의 터전을 잃게 된 시장 사람들의 이야기를 그리고 있다. 그 시장에서 오랫동안 만둣집을 운영하던 부모님도 마찬가지로 삶의 터전을 잃게 된다. 그러니 아람이 마음이 오죽할까. 부모님이 힘들어하시는 것을 보며 아람이도 불안하다. 하지만 이야기는 거기에 머무르지 않는다. 평범한 일상을 다시 찾기 위해 노력하는 사람들. 아람이는 시장 곳곳에서 온기를 품은 사람들을 만나면서 위로를 받는다. 그 힘을 통해 아람이는 소외된 사람들의 슬픔을 함께 나누는 사람이 되기로 결심한다. 자신을 둘러싼 환경에 관심을 갖고 극복하려는 아람이의 강점이 고단한 삶의 이야기를 기록하는 꿈을 만든 것이다. 이웃을 향한 따뜻한 시선이 담긴 아람이의 사진과 글을 만나며 그에게 지지와 응원을 보내고 싶다.

수업 목표

모임 중에 아이들이 자신의 결과물을 친구랑 비교하면서 부러워하는 모습을 보게 되었다. 각자 가진 능력이 달라서 잘 해내는 분야가 다를 뿐인데 아이들은 자신의 능력을 잘 알지 못했다. 그래서 이번 수업에서는 내가 가진 강점에 대해 이야기하고 싶었다. '나의 강점은 뭘까?'를 고민하는 사이 나를 좀 더 믿고 소중하게 여기지 않을까. 누군가와 비교할 수 없는 나만의 강점 발견하기가 오늘 수업의 목표이다.

수업 계획

수업 흐름	내용	준비물
수업 열기	① 책 읽기	
수업 펼치기	② 정답을 찾을 수 있는 ○ 문제 만들기	포스트잇
	③ 아람이의 강점은 무엇일까?	
	④ 나의 강점 콜라주 만들기	다양한 종류의 이미지 자료(잡지) 종이, 가위, 풀, 색연필
수업 다지기	⑤ 작품 공유 및 소감 쓰기	

수업 속으로

① 책 읽기

『꿈을 지키는 카메라』는 김중미의 소설집 『조커와 나』에 수록된 단편소설이다. 2017년 창비에서 소설의 첫 만남이라는 이름으로 다시 내놓았다. 일러스트와 글이 조화롭게 어우러져 있어 책이 예쁘고 두껍지 않아 부담 없이 읽을 수 있다. 아이들이 혼자이 책을 읽으려면 30분 정도 걸린다. 책을 읽으며 다음 활동을 해 보자고 했다. 바로 정답을 찾을 수 있는 ○ 문제 만들기다.

② 정답을 찾을 수 있는 ○ 문제 만들기

이 활동은 내용을 정확하게 파악했는지, 이야기의 흐름을 이해

했는지 확인하기 위한 과정이다. 문제는 만들고 싶을 때 만들면 된다. 다 읽고 문제를 만들어도 좋고, 읽다가 중요하다고 생각되면 그때 만든다.

책 속에서 정답을 찾을 수 있는 ○ 문제를 만들라고 하면 질문 만들기를 처음 하는 아이들이 많이 어려워하지 않는다. ○× 문제 만드는 것과 비슷한데 ○에 해당하는 문제만 만드는 것이다. 이 활동은 문제를 만들고 나서 맞추기 위해 하는 것이 아니다. 책을 꼼꼼히 읽고 내용을 정확하게 이해할 수 있도록 하는 것이다.

"몇 문제 정도 만들어 볼까?"라고 하면 여러 이야기가 나오다가 내가 생각하는 정도의 양을 말한다. 그럼 흔쾌히 "그래"라고 말한다. 협상하는 재미가 있어서 아이들이 무조건 거부하지 않는다.

문제를 다 만든 후에는 오류가 없는지 살펴봐야 한다. 아이들이 만든 문제를 모두 같이 보면서 오류가 있는 것, 중복되는 것은 제외한다. 그리고 이야기 순서에 맞도록 배열한다. 이 활동을 통해 이야기의 내용과 흐름을 정확하게 이해할 수 있다.

이렇게 해서 만들어진 문제들

아람이는 보충 수업을 하지 않았다.

아람이랑 연서는 친구다.

아람이의 언니의 꿈은 원래 교사가 되는 것이었다.

아람이는 블로그에 시장 이야기를 썼다.

아람이의 아버지가 구속됐다.

③ 아람이의 강점은 무엇일까?

강점은 내가 다른 사람보다 더 뛰어난 것을 말한다. 강점의 정의를 확인한 후에 작품 속 주인공인 아람이의 강점을 찾아보기로 했다. 아람이가 다른 사람과 다르게 행동했던 것을 찾아보면서 강점이라고 말할 수 있는지 판단하는 과정이다. ①번 활동에서 나온 문제를 활용하면 좋고, 선생님이 추가해서 더 말할 수 있다. 아이들에게 강점이라고 생각되면 손을 들어 표시하라고 했다. 이때도 정답을 찾으려고 하기보다 강점에 대해 이해할 수 있도록 돕는 것이 중요하다.

④ 나의 강점 콜라주 만들기

나의 강점을 콜라주로 표현하는 활동이다. 내가 좋아하고 잘하는 것을 많이 찾아보는 것이 좋다. 잡지를 활용하면 좋은데, 수업 전 잡지를 미리 살핀 후 제공한다. 다양한 글과 이미지 자료를 보면 강점 떠올리기가 수월하다. 잘하는 것을 탐색한 후에 선택한 자료를 오려 붙이고 자유롭게 꾸미면 된다. 자료에 적당한 내용이 없다면 직접 그릴 수도 있다.

'내가 다른 사람과 다른 점은 무엇일까? 나에게는 어떤 강점이 있을까?'를 고민하는 동안 우리 안에 새로운 생각이 일어나면 좋겠다. 내 모습을 돌아보는 일은 누구도 대신할 수 없는 일이다. 우리가 가진 강점을 잘 간직하고, 더 많이 발견하길.

⑤ 작품 공유 및 소감 쓰기

　나의 강점 콜라주를 친구들에게 발표하는 시간을 갖는다. 자신의 생각을 글로 쓰고, 입으로 말하면서 생각이 더 정교해지고 확장할 것이다.

나는 다정한 사람
『청소년 마음 시툰 안녕, 해태 1, 2, 3』

『꿈을 지키는 카메라』 김중미 글 · 이지희 그림, 창비, 2017

나는 씨앗, 교실은 우주

내가 태어나지 않았을 때

나는 따뜻한 흙 속의 씨앗처럼 캄캄한 잠을 잤을까?

하늘에 흩뿌려진 별처럼 내가 하나의 점이었을 때

엄마는 내가 어떤 모습으로 자라길 바랐을까.

어떤 시간이 자라길 바랐을까.

엄마! 나는 잘 지내요.

키도 6학년 때보다 5.4cm 더 자랐고

요즘은 책보다 거울을 더 자주 봐요.

잘 모르겠지만 첫사랑이 사랑니처럼 아프다는 것도 조금은

알 것 같아요.

친한 사이일수록 위로가 될 수도 있지만

가깝기 때문에 쉽게 상처가 될 수 있다는 것도요.

우주는 과거에 엄청난 폭발을 일으켜 탄생했다는데

저 먼 우주처럼 내 마음도 크고 작은 불꽃들이 생겨나

폭발했다가 하나로 합쳐지고

소란했던 마음들이 사라지기도 하나 봐요.

엄마가 있었더라면 나의 움추린 시간을 천천히 펼쳐 보여 줄

텐데.

씨앗을 품은 나의 작은 우주를 보여 줄 텐데…….

엄마, 나는 잘 자라고 있어요.

씨앗처럼, 빅뱅 이전의 우주처럼 고요히 자라고 있어요.

이렇게, 씩씩하게, 단단하게 잔디처럼 자라고 있어요.

가끔 소매로 눈물을 꾹 찍어 내는 날도 있지만

웃고, 울고, 실망하고 다짐하며

각기 다른 우주를 품은 이 교실에서.

싱고, 『청소년 마음 시툰 안녕, 해태 1』 중에서

"시를 언제 봤니?"라고 물으면 한참을 생각했다가 "교과서에서요."라고 말한다. 그러니 시가 마음에 있을 리 없다. 누군가를 처음 만났을 때도 그 사람과 마주하고 대화를 나누어야 비로소 안다고 말할 수 있지 않을까. 시인과 시어의 의미, 표현, 주제를 찾는 데만 집중하며 문제를 풀고 정답을 확인하는 것은 시를 제대로 마주하는 것이 아니다. 시는 알아맞혀야 하는 것이 아니라 곁에 두고 누리는 것이어야 한다.

시를 만난다는 것은 그 안에 내 이야기가 담겨 있다는 것을 발견했을 때다. 시 안에 담긴 내 이야기는 나에게 위로와 즐거움이 된다. 시를 만나기 전에는 나도 시를 잘 몰랐다. 그러니 시란 늘 어렵고, 제대로 이해해야만 하는 과제의 대상이었다. 그러다 이시영 시인의 '성장'이라는 시가 나에게 왔다.

바다가 가까워지자 어린 강물은 엄마 손을 더욱 꼭 그러쥔 채 놓지 않았습니다. 그러다가 그만 거대한 파도의 배속으로 뛰어드는 꿈을 꾸다 엄마 손을 아득히 놓치고 말았습니다. 그래 잘 가거라 내 아들아. 이제부터는 크고 다른 삶을 살아야 된단다. 엄마 강물은 새벽 강에 시린 몸을 한번 뒤채고는 오리처럼 곧 순한 머리를 돌려 반짝이는 은어들의 길을 따라 산골로 조용히 돌아왔습니다.

이시영, 「성장」

아들이 자라는 모습을 지켜보며 어떻게 돌봐야 하는지 매 순간 고민하던 때, 중학교 국어 교과서에 실린 이 시를 처음 만났다. 시 속의 어린 강물과 엄마 강물이 곧 나와 내 아이들이 되면서 나에게 큰 위로가 되었다.

청소년 마음 시툰 안녕, 해태는 모두 3권으로 되어 있는데 '김잔디'와 '해태'의 흥미진진한 사건을 담고 있다. 초등학교를 졸업하고 중학교에 입학한 순간부터 졸업할 때까지 겪은 일상의 이야기를 시와 그림이 어우러진 시툰이라는 형식으로 표현했다. 교과서에서 시를 만난 아이들이 시를 친근한 형식으로 만날 수 있도록 한 것이다. 웹툰과 시를 함께 읽으며 마음을 다독일 수 있기를 바란다.

수업 목표

일상을 시의 아름다움으로 더할 수 있다면 좋겠다. 그래서 행복한 것을 생각하고 긍정과 감사의 마음으로 하루를 보낸다면. 매일 맞이하는 일상이 나를 안정감 있게 지탱해줄 것이다. 시를 만나러 가는 길이 기분 좋은 여행이면 좋겠다. 아름다운 곳을 여행하는 것처럼 자신의 내면을 가꾸는 일도 멋진 일이다. 시의 힘을 믿으며 삶을 행복하게 만드는 사람이 되었으면 좋겠다.

오늘 수업의 목표는 '가벼운 마음으로 시를 즐기고 위안을 얻기'다. 시집을 펼쳐보고 자유롭게 읽으며 시를 만나는 시간이다. 시에 대한 거부감을 줄이고 시를 감상하며 친숙하게 받아들일 수 있으면 좋겠다.

수업 계획

수업 흐름	내용	준비물
수업 열기	① 시집 읽기	
수업 펼치기	② 마음에 드는 시 찾기	활동지
	③ 책갈피 만들기	나무스틱 또는 종이, 펀치, 펜, 끈
수업 다지기	④ 소감 나누기	

수업 속으로

① 시집 읽기

요즘에 출간된 시집 중에는 예쁜 책이 많다. 시집 제목도 근사하지만 디자인이 시선을 끌 정도로 세련되고 독특하다. 마음에 드는 시집을 만난다면 '시는 딱딱하고 재미없다'는 편견이 사라지지 않을까. 오늘 수업은 시가 교과서에 있는 게 아니라 시집에 있었다는 것을 아는 것에서 출발한다.

청소년 마음 시툰은 교과서에 수록된 시를 포함하여 청소년들이 읽으면 좋을 시를 선정하고 이야기와 그림으로 시를 이해할 수 있도록 만들었다. 그래서 책을 따라가는 동안 자연스럽게 시를 만날 수 있다. 또 안녕, 해태 시리즈 외에도 『용기 있게, 가볍게』, 『너무 애쓰지 말고』 등의 시집이 있다.

"오늘은 시 읽자."고 말하면서 시집을 꺼낸다. 시집은 아이들이 이 책 저 책 마음껏 볼 수 있도록 넉넉하게 준비한다. 그리고 충분히 볼 수 있도록 시간도 여유 있게 계획한다. 시집 읽기가 오늘 수업의 핵심이다.

② 마음에 드는 시 찾기

시집을 천천히, 충분히 읽는 것이 중요하다. 그리고 2편 이상의 시는 옮겨 적는다. 시집에서 시를 찾아 읽는 것으로 첫 만남, 옮겨 적으면서 두 번째 만남, 그리고 책갈피로 만들면서 세 번째로 만날 수 있다.

"마음에 드는 구절이나 시 찾아 옮겨 적어볼까? 우린 오늘 어떤 시를 만나게 될까?"라고 말하면서 마음에 드는 시를 적어보자고 한다. 시를 만나는 모습이 보기 좋다.

시에 대해 알고 싶은 마음이 생겨나기를.

시와 대화하는 시간이 즐겁기를.

재미있는 시, 웃긴 시 많이 발견하기를.

시가 주는 따뜻한 위로가 힘이 되기를.

③ 책갈피 만들기

책갈피를 만들기 위한 재료는 다양하다. 나는 손쉽게 구할 수 있는 종이를 사용하거나 나무스틱으로 만들었다. 이 외에도 압화 책갈피를 추천하고 싶다. 말린꽃을 사용해서 책갈피를 만드는 것인데 시와 어울리게 꾸미는 재미가 있다. 요즘에는 DIY 제품도 판매하고 있어서 취향대로 골라 구입할 수 있다.

시집 읽는 것에 몰입하는 게 중요하기 때문에 책갈피를 만드는 과정은 최대한 간단하게 한다. 마음에 드는 구절을 책갈피의 앞면에 옮겨 적고, 시를 만난 느낌은 뒷면에 남긴다.

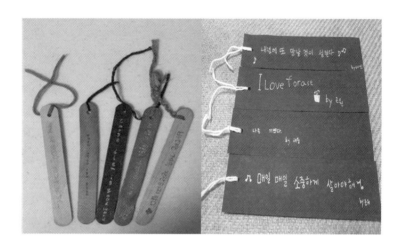

④ 소감 나누기

자신이 만든 책갈피를 친구들과 공유하며 소감을 나누었다. 내가 고른 시에 대한 이야기, 시 읽으면서 느낀 점을 포함한 시시콜콜한 이야기를 하며 수업을 마친다. 시를 만났으니 더 자세히 알고 싶어지겠지. 이런 관심에서 시작된다. 모든 공부는.

삶의 온도가 따뜻해지기를 「수」

「수」 김리리 글, 『관계의 온도』 문학동네, 2014

예전에 수는 무서운 가면을 쓰고 있었다. 가면 뒤에 숨어서 자기와 어울리지 않는 역할을 하고 있었던 거다. 나도 나에게 어울리지 않는 가면을 쓰고 살아온 건 아닐까……. 다른 사람들이 나에게 만들어준 가면, 그 모습이 진짜 나라고 착각하며 살았던 건 아닐까…….

"하지만 어느 쪽도 편하지 않았어. 학교를 다니는 것도, 그만두고 혼자 방황하는 시간도 말이야. 삼촌은 목공 일이 험하다며 내가 목수가 되는 걸 반대했어. 하지만 어쩌겠어. 나무를 만지면 마음이 편해지는걸. 앞으로 목공 가르치는 학교에 들어가서 제대로 일을 배워 보려고. 삼촌을 따라 집 짓는 걸 배우러 다녔는데, 거기서 알게 된 분이 그 학교 선생님이야. 나보고 실력이 괜찮다고 자기 제자로 들어오라고 하더라고.”

수가 쑥스러운 듯 머리를 긁적거렸다.

“학교에 돌아가는 게 두렵지 않아?”

“두려워. 하지만 시작이 거기라면 다시 부딪쳐 보려고.”

수의 말을 듣는 순간 내가 다시 시작해야 하는 곳은 어딘지 궁금해졌다.

“나 자작나무 숲에 가고 싶어.”

“갑자기 자작나무 숲에는 왜?”

수가 물었다.

“한 번도 본 적이 없거든. 내 눈으로 직접 보고 싶어.”

“그래, 같이 가자.”

수가 나를 보며 환하게 웃었다. 순간, 눈앞으로 하얀 자작나무 숲이 펼쳐지는 것 같았다. 차가운 바람과 싸우며 넓은 벌판에 곧게 뻗어 있는 자작나무.

어느덧 나는 수와 함께 자작나무 숲을 거닐고 있었다.

김리리, 「수」 중에서

이 작품은『관계의 온도』에 수록된 단편소설로 채연과 수의 이야기를 그리고 있다. 채연과 수는 6학년 때 같은 반에서 만나게 된다. 전학 온 채연이는 마음 터놓고 지낼 친구가 없었고, 수는 화상 흉터로 프랑켄슈타인이라 불렸다. 그때는 서로의 아픔을 어렴풋이 짐작만 할 뿐, 손을 내밀어 상처를 다독여줄 수 없었다. 다른 사람의 고민을 알기에는 어렸기 때문이다.

채연이는 태어날 때부터 뇌에 장애가 있는 동생의 언니다. 그래서 부모님은 채연이가 좋은 대학에 가서 의사가 되기를 바라신다. 화가나 가수가 되고 싶었던 채연이는 자신의 꿈을 버리고 부모님의 기대에 따르기로 한다. 중학교에서도 자신을 채찍질하며 상위권의 성적을 유지했고 엄마가 원하는 S고에 진학했다. 경쟁과 서열로 가득 찬 학교생활을 힘들어하지만, 누구에게도 자신의 문제를 말하지 못한다.

회색 도시가 뿌연 안개 속에 잠겨 있었다. 나는 걷고 또 걸었다. 학교도 집도 엄마도 아빠도 몸이 불편한 지연이도 없는 곳……. 안개 속으로 영원히 사라져 버리고 싶었다.

수의 얼굴에는 화상 흉터가 있다. 사람들의 시선이 불편했던 수는 자신의 콤플렉스를 숨기기 시작한다. 6학년 때는 반 아이들이 자신의 곁으로 오는 것을 극도로 싫어했으며 괴물처럼 날카롭게 대했다. 무시무시한 가면을 쓰고 그 안에 들어가 누구와도 눈을 마주치지 않았다. 마음의 문을 굳게 걸어 잠근 채 교실 맨 뒷자리를 지키던 수는 결국 중학교를 그만 두었다.

방황하는 수 곁에 삼촌이 있어서였을까. 나무를 만지며 그 따뜻한 숨결을 느껴서였을까. 자작나무가 다른 나무보다 더 단단하고 튼튼한 나뭇결을 가진 이유를 알았기 때문이었을까. 수는 삼촌의 보살핌으로 목공을 배우면서 외롭고 힘들었던 자신의 모습을 발견한다.

고등학생이 된 채연이와 수는 우연히 다시 만난다. 수가 가진 삶의 온도를 발견했을 때, 채연이의 온도도 서서히 올라간다. 자신의 본모습을 찾아가는 수를 보며 자신이 쓴 가면을 발견했기 때문이다.

차가운 바람과 싸우며 넓은 벌판에 곧게 뻗어 있는 자작나무.
어느덧 나는 수와 함께 자작나무 숲을 거닐고 있었다.

이 작품을 읽는 아이들도 크고 작은 고민이 있을 것이다. 누구에게도 속 시원히 말하기 힘든 고민들. 마음속에 단단히 묻어두었다면 이제 채연과 수를 만나러 가자. 나를 만나러 가자. 채연과 수는 결국 나 아닌가. 그들이 전해주는 위로에 마음의 온도가 높아지기를. 그래서 자신의 고민을 잘 녹여내었으면 좋겠다.

수업 목표

이 작품은 청소년 소설이다. 청소년 독자를 대상으로 창작한 작품이기에 청소년들의 현실과 밀접하게 닿아있다. 독자는 작품 속 인물을 통해 자신을 좀 더 객관적으로 바라보거나 반성적 시각으로 돌이켜 볼 수 있다. 나아가 자신뿐만 아니라 다른 사람을 이해하고, 그들의 감정에 공감할 수 있는 역량을 갖출 수 있다.

작품의 등장인물인 채연과 수의 이야기를 통해 내 안에 숨어있는 생각과 감정을 발견하는 것이 이번 수업의 목표이다. 또 그것이 왜 생겨났는지를 들여다보며 자기를 공감하고자 한다. 자신을 충분히 공감하는 순간 마음의 온도가 따뜻해질 것이다.

이번 수업은 각 단계를 하는 데 여유를 가지고 시간을 충분히 확보하는 것이 좋다. 한 차시에 다 하기 어렵다면 다음 시간에 연속해서 운영하면 된다.

수업 계획

수업 흐름	내용	준비물
수업 열기	① '줄줄이 말해요' 동기유발[3]	

---

3   전국학교도서관 인천모임 책친구가 쓴 『책으로 행복한 북적북적 책놀이』(단비, 2018)에서 참고한 것이다. 주어진 질문에 줄지어 대답하는 놀이로 책을 읽은 후 책에 나온 인물이나 장소 또는 이야기의 순서, 사건 등을 주제로 대답을 한다.

	② 책 읽으면서 '줄줄이 말해요' 준비하기	포스트잇
수업 펼치기	③ 욕구 추측하기	활동지
	④ 삶의 온도를 높이는 발문	활동지
수업 다지기	⑤ 소감 말하기	

수업 속으로

① 작품을 읽기 전 동기유발로 '줄줄이 말해요' 게임을 한다.

'줄줄이 말해요'는 질문에 대한 답을 모두 말해야 하는 협력 게임이다. 예를 들어 '과일'이라는 제시어를 보고 과일에 속한 것을 겹치지 않게 모두가 말한다. 책 읽기 전에 분위기도 즐겁게 만들수 있고 다음 활동을 위한 연습이 된다.

② 책 읽으면서 '줄줄이 말해요' 준비하기

책을 읽기 전에 2개의 제시어를 미리 말하고 '줄줄이 말해요'를 하겠다고 한다. 이 작품은 채연이와 수의 이야기가 번갈아 가며 나오고, 과거와 현재의 이야기도 뒤섞여 있어서 이야기의 흐름을 차례대로 살펴볼 필요가 있다. 아이들이 '줄줄이 말해요'를 하려면 이야기의 흐름을 잘 이해하고 있어야 한다. 중요한 사건을 중심으로 찾아보자고 하면서 "채연이가 서울로 전학 왔다. 로 시작해볼까?"로 자연스럽게 예를 들어주면 좀 더 쉽게 찾을 수 있을 것이다.

채연이의 5학년 때부터 S고에 다니는 현재까지의 이야기를

8개로 나누어 말하기

수의 6학년 때부터 채연이를 만나기까지의 이야기를 8개로
나누어 말하기

8개로 한 것은 임의로 정한 것이다. 아이들이 네 명이라서 두
번씩 말하기 위해 8개로 나누어 말하기를 제시했다. 말하는 횟수
가 늘어날수록 아이들이 어려워할 수 있으니 내용 파악하는 수준
으로 정하면 좋다. 책에 표시하면서 읽거나 중요한 사건을 포스
트잇에 쓰는 것도 좋다고 하면 아이들이 다 기억해야 하는 부담
에서 벗어날 수 있다.

이제 아이들이 순서를 정해서 한 줄로 선다. 맨 앞에 선 사람이
먼저 말한다. 말한 사람은 맨 뒤로 가고 두 번째로 선 사람이 말
한다. 8개로 나누어서 말해야 하기 때문에 앞 사람이 한 말을 잘
듣고 연결해서 말해야 한다. 말하는 도중에 연결이 매끄럽지 않
으면 뒤로 갈수록 어려울 수 있다고 알려준다. 그러나 아무리 잘
설명해줘도 막상 시작하면 제대로 하지 못할 수 있다. 당연하다.
그럼 '이건 연습이야, 다시 해 보자.'라고 말하며 가볍게 넘기고
다시 하면 된다. 처음보다 훨씬 잘 해낼 것이다. 처음부터 잘할 수
는 없지만 하다 보면 익숙해질 것이다. 함께 노력해서 목표에 도
달할 수 있도록 돕자.

아이들이 이야기를 8조각으로 나누어 말하긴 했지만 중간에
많은 이야기를 생략했거나 덧붙일 말이 있으면 같이 찾아보는 것

도 좋다. 중요한 사건을 짚어보면서 이야기의 흐름을 이해할 수 있도록 한다.

③ 욕구 추측하기

작품에서 등장인물의 생각이나 느낌이 잘 드러난 구절을 보고 왜 그런 기분을 느꼈는지 욕구와 연결 지어 보는 활동이다. 욕구란 무엇을 얻거나 무슨 일을 하고자 바라는 일[4]로 우리 내면의 긍정적인 힘을 말한다. 마셜 로젠버그는 사람이 살아가는 데 필요하고 중요하며 가치가 있는 것으로 누구나 갖고 있는 보편적인 것이라고 말한다.[5] 욕구를 찾기 위해 NVC 욕구 목록표를 활용하면 도움이 된다.

욕구 목록[6]

자율성	자신의 꿈, 목표, 가치를 선택할 수 있는 자유 자신의 꿈, 목표, 가치를 이루기 위한 방법을 선택할 자유
신체적/생존	공기, 음식, 물, 주거, 휴식, 수면, 안전, 신체적 접촉(스킨십), 따뜻함, 부드러움, 편안함, 돌봄을 받음, 보호받음, 애착 형성, 자유로운 움직임, 운동

---

4 표준국어대사전

5 『비폭력대화』(마셜 B. 로젠버그, 한국NVC센터, 2017)

6 한국NVC센터 욕구 목록

사회적/정서적/상호의존	주는 것, 봉사, 친밀한 관계, 유대, 소통, 연결, 배려, 존중, 상호성, 공감, 이해, 수용, 지지, 협력, 도움, 감사, 인정, 승인, 사랑, 애정, 관심, 호감, 우정, 가까움, 나눔, 소속감, 공동체, 안도, 위안, 신뢰, 확신, 예측가능성, 정서적 안전, 자기 보호, 일관성, 안전성
놀이/재미	즐거움, 재미, 유머, 흥
삶의 의미	기여, 능력, 도전, 명료함, 발견, 보람, 의미, 인생예찬(축하, 애도), 기념하기, 깨달음, 자극, 주관을 가짐(자신만의 견해나 사상), 중요하게 여겨짐, 참여, 회복, 효능감, 희망, 열정
진실성	정직, 진실, 성실성, 존재감, 일치, 개성, 자기존중, 비전, 꿈
아름다움/평화	아름다움, 평탄함, 홀가분함, 여유, 평등, 조화, 질서, 평화, 영적 교감, 영성
자기구현	성취, 배움, 생산, 성장, 창조성, 치유, 숙달, 전문성, 목표, 가르침, 자각, 자기표현, 자신감, 자기 신뢰

채연이의 생각이나 느낌이 잘 드러난 구절에서 욕구를 추측해 보자. 욕구는 하나의 정답이 있는 것이 아니다. 욕구표를 보면서 어울릴만한 욕구를 찾아보면 된다.

1. "채연이는 무엇을 원했기 때문에 서울 생활이 불행했고 겨울 이 잔인할 만큼 느리게 지나갔다고 했을까?"

서울 집값이 비싸서 작은 전셋집을 얻는 데도 대출을 많이 받아야 했다. 아빠는 서울에서 수원으로 통근하면서부터 퇴근 시간이 점점 늦어졌다. 좁은 집과 다달이 조여 오는 대출금, 아빠의 늦은 귀가. 이사를 온 뒤 엄마 아빠는 자주 싸움을 했고 채연이는 그때마다 벽에 머리를 들이받으며 울었다. 서울 생활은 우리 가족을 더 불행하게 만들었다. 그해 겨울이 잔인할 만큼 느리게 지나갔다.

2. "채연이는 무엇이 중요했기 때문에 초조하고 잠도 잘 오지

않는다고 했을까?"

잠자는 시간을 더 줄이고, 화장실 가는 시간과 밥 먹는 시간까지 아껴 가며 공부에
매달렸지만 소용없었다. 시간이 지날수록 점점 초조해지면서 머릿속은 더 멍해졌다.
언제부터인가 문제집을 보면 글자들이 뿌옇게 흐려지다가 눈앞에서 뱅글뱅글 도는 것
같았다. 요즘에는 잠도 잘 오지 않았다. 겨우 잠이 들면 발밑에 있는 땅이 무너지면서
아래로 끝없이 추락하는 꿈을 꾸었다.

3. "채연이는 수가 왜 외롭다고 생각했을까? 그리고 왜 내 이야
기를 듣는 듯한 느낌이 들었다고 했을까?"

수는 다른 아이들이 달팽이를 보러 다가가면 매섭게 노려보곤 했는데, 내가 달팽이
를 돌볼 때는 얌전하게 자리에 앉아 있었다. 그리고 어느 순간부터는 내가 달팽이한테
하는 이야기를 듣고 있는 듯한 느낌이 들었다. 내가 콧노래를 흥얼거리자 수의 입가에
미소가 번지는 걸 보았다. 어쩌면 수도 나처럼 이야기를 나눌 사람이 없어서 외로웠을
지 모른다. 가끔은 내 이야기를 조용히 들어 주는 수가 고맙게 느껴졌다.

4. "채연이는 자신에게 어울리지 않는 가면을 쓰고 살아왔다는
것을 알게 된다. 무엇을 중요하게 여겼기 때문에 그렇게 했
을까?"

예전에 수는 무서운 가면을 쓰고 있었다. 가면 뒤에 숨어서 자기와 어울리지 않는
역할을 하고 있었던 것이다. 나도 나에게 어울리지 않는 가면을 쓰고 살아온 건 아닐
까……. 다른 사람들이 나에게 만들어준 가면, 그 모습이 진짜 나라고 착각하며 살았
던 건 아닐까…….

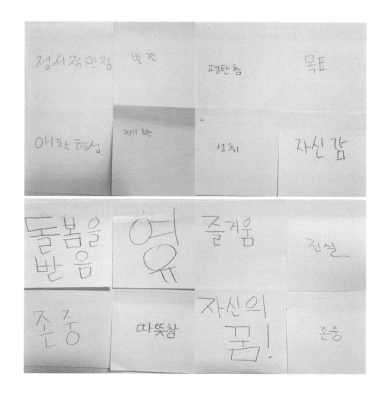

④ 삶의 온도를 높이는 발문

네 개의 발문은 아이들 스스로 생각을 하면서 답을 찾을 수 있도록 돕는 질문이다. 깊이 생각하고 자기 삶의 문제를 돌아보며 그것으로부터 가벼워지면 좋겠다. 작품 속 등장인물들이 자신의 본모습을 찾아가는 것을 보며 각자의 고민을 잘 녹여내기를 기대한다.

1. 채연이는 성적이 우수한 학생들이 다니는 S고 학생입니다.

채연의 엄마는 채연이가 의대에 진학하기를 바라지만 채연이는 그런 부모님의 기대가 불편하고 힘듭니다. 또한 수는 얼굴에 심한 화상 흉터가 있어 친구들로부터 상처를 받습니다. 수는 결국 마음의 문을 닫게 됩니다. 여러분도 자신을 바라보는 다른 사람의 시선이 불편했던 적이 있나요?

2. 중학생이 된 지금, 여러분의 고민은 무엇인가요? 욕구와 감정으로 표현해주세요.

3. 채연이는 수에게서 자작나무 이야기를 듣고 자작나무 숲에 가고 싶다고 말합니다. 채연이는 왜 그렇게 말했을까요?

4. 여러분도 고민이 있거나 힘들 때 마음이 편안해지는 나만의 방법이 있다면 소개해 주세요.

---

① "자작나무는 단단하고 튼튼해. 추운 지역에서 자라서 단단해진 것 같아. 추위와 싸우느라 말이야. 봐, 나뭇결이 그대로 살아있지? 나무가 숨을 쉴 수 있도록 천연 염색제를 발랐어. 한번 만져 봐." 나는 수가 시키는 대로 책상에 손을 대 보았다. 눈을 감고 손끝으로 나무가 숨 쉬는 걸 느껴 보았다. 수가 왜 따뜻한 숨결이라고 표현했는지 알 것 같았다.

② "학교에 돌아가는 게 두렵지 않아?"
"두려워. 하지만 시작이 거기라면 다시 부딪쳐 보려고."
수의 말을 듣는 순간 내가 다시 시작해야 하는 곳은 어딘지 궁금해졌다.
"나 자작나무 숲에 가고 싶어."
"갑자기 자작나무 숲에는 왜?"
수가 물었다.
"한 번도 본 적이 없거든. 내 눈으로 직접 보고 싶어."
"그래, 같이 가자."
수가 나를 보며 환하게 웃었다. 순간, 눈앞으로 하얀 자작나무 숲이 펼쳐지는 것 같았다. 차가운 바람과 싸우며 넓은 벌판에 곧게 뻗어 있는 자작나무.
어느덧 나는 수와 함께 자작나무 숲을 거닐고 있었다.

아이들이 놓고 간 이야기를 읽어본다. 누군가에게 속 시원하게 말하지 못한 이야기들. 그래도 또다시 힘을 내겠다고 말한다. 기특하다. 마지막 질문에 특히 눈길이 간다. 아이들이 말한 마음 다스리기 방법 몇 가지를 옮겨볼까.

- 내 고민들을 그림으로 그려본다. 잠을 푹 자고 나면 고민이 좀 비워진다.
- 창문을 열고 시원하게 한 후, 편한 자세로 음악을 듣는다.
- 부모님께 이야기하며 푼다.
- 피아노를 친다.
- 소리를 지르거나 창문을 열고 5분 동안 가만히 서 있는다

⑤ 소감 말하기

작품을 읽고 발문을 해결하며 느낀 것이나 깨달은 것, 또는 새롭게 알게 된 것을 말한다. 등장인물의 고민을 공감하며 내 안에 숨어 있는 감정과 욕구를 알아차릴 때 자신을 충분히 공감할 수 있다.

그래, 우리 이렇게 마음 다스리자. 그러면서 내가 요즘 중요하게 여겼던 것이 무엇이었는지 생각해볼래? 수가 자작나무를 좋아했던 이유. 추운 지역에서 자라 오히려 다른 나무보다 더 단단함을 갖게 된 이유가 네 마음에서 울렸으면 좋겠다.

사춘기를 응원해 「야, 춘기야」

「야, 춘기야」 김옥 글, 『청소녀 백과사전』 낮은산, 2006

"춘기야, 야, 춘기야."

꿈결처럼 부르는 소리가 들렸다.

"방에 있는 거 다 아니까 문 열어. 아직 초저녁이야."

하지만 껌처럼 들러붙는 잠을 떨쳐 내기란 정말 힘들다. 다시 경계선을 넘어 잠의 세계로 달아나려는 순간, 책상 위에 있던 내 휴대전화가 울리기 시작했다. 벌떡 일어나 전화를 받았다.

"여보세요?"

"춘기 너 방에 있으면서 왜 대답 안 해. 얼른 문 안 열어?"

엄마가 건 전화였다. 엄마는 거실에서, 그리고 내 휴대전화 속에서 소리쳤다. 할 수 없이 문을 열자 엄마는 내 방문에 기대고 있었던 듯 휘청거리며 들어왔다. 짧게 자른 머리가 위로다 뻗쳐 있다.

"대체 방문은 왜 꼭꼭 걸어 잠그는 거야. 아이고, 더워. 그리고 방 좀 치워라. 이게 다 뭐야."

"아휴, 또."

잔소리다. 나는 그대로 침대에 벌렁 누워 버렸다.

"혹시 너 내 허리띠 안 가져갔어?"

"내가 엄마 허리띠를 어떻게 알아? 그리고 왜 내가 춘기야. 멀쩡한 이름 놔두고."

나는 화를 내며 이불을 확 뒤집어써 버렸다. 그러자 엄마 목소리가 조금 누그러졌다.

"니가 그러니까 춘기지. 사춘기. 에구, 나도 사춘기 딸을 처음 키워 보는 거라 힘들다. 내가 자랄 때는 어른들 말고 잘 듣고 진짜 열심히 공부만 한 것 같은데."

엄마는 내 방 전신 거울에 요리조리 얼굴을 비춰 보더니 한숨을 푹 쉬면서 말했다.

"하여간 엄마 영어 학원가서 공부하고 운동하다 오면 늦을지 모르니까, 너도 텔레비전만 보지 말고 수학 문제집 오늘 거 다 풀어놔. 알았지? 대신 저녁은 피자 시켜 먹어."

나는 벌떡 일어나면서 말했다.

"또? 오늘 급식에서도 스파게티 나왔단 말야. 나 김치찌개 끓여 주고 가면 안 돼?"

"야, 춘기야, 너 참 이상하다. 다른 애들은 라면이나 피자 먹고 싶어서 안달이라는데, 넌 엄마 힘든 거 안 보이냐? 하루 종일 돈만 세다 왔더니 손가락이 다 저리다."

엄마는 매니큐어 바른 손가락을 피아노 치듯 허공에 두드리며 말했다.

"아무튼 내일 아침은 네 소원인 김치찌개 꼭 끓여 줄게."

엄마는 현관문을 '쾅' 닫고 허겁지겁 나갔다, 가 아니라 다시 벨을 눌렀다.

"휴대전화, 엄마 휴대전화 좀 주라, 깜박 잊을 뻔했네."

내가 휴대전화를 가져다주자 엄마는 웃으며 말했다.

"야, 춘기야, 공부는 하면 할수록 재미있더라. 중간고사도 얼마 안 남았으니까 그만 누워 있고 공부해라, 응?"

내가 아무 말도 안 하니까 엄마는 나가려다 말고 한마디 덧붙였다.

"내가 몸은 나가지만 마음은 네 곁에 남겨 놓고 갈 테니까 올 때까지 자지 말고 공부해. 응? 아이스크림 사 올게."

그러고는 또 문을 '쾅' 닫고 나가 버렸다.

김옥, 「야, 춘기야」 중에서

"춘기야, 야, 춘기야."로 시작되는 이 구절에서 처음엔 이름이 진짜 '춘기'인 줄 알았다. 김춘기나 이춘기 정도로 생각한 나는 사춘기라고 말하는 장면에서 빵 터지고 말았다. 그리고 곧 처음부터 유쾌하게 시작하는 이야기에 푹 빠져버렸다. 현실을 그대로 옮겨놓은 듯 인물들의 생생한 대화, 속도감 있는 전개가 매력적인 글이다. 사춘기의 특성을 모두 지닌 예린이와 엄마의 갈등과 화해를 보며 아이들은 할 말이 많았다. 모두 예린이 편에 서서 엄마의 말과 행동에 상처받았을 예린이를 응원하거나, 사춘기를 지나는 자신의 모습에 빗대어 예린이가 좀 심하다는 반응도 보였다

이 작품은 중학교 1학년 국어 교과서에 실렸다. 독자인 아이들은 비슷한 또래인 6학년 여자아이가 등장하는 이야기에 쉽게 마음을 연다. 또 건강하게 사춘기를 보내는 주인공의 모습을 보며 자신도 이 순간을 잘 지낼 수 있겠다는 기대를 품는다.

이 밖에도 청소년 소설을 읽으며 자신이 지닌 고유한 특성과 가치를 형성할 수 있다. 또한 꿈과 목표를 세우기 위한 호기심과 열정도 품게 될 것이다. 건강하게 사춘기를 통과하고 자신의 길을 찾아 떠날 힘과 용기는 물론.

서서히 어른으로 자라는 동안 삶의 의미를 열심히 찾아 나설 아이들을 응원한다. 그 길에서 주체적으로 살 수 있기를 바라며 이 작품을 나누고 싶다.

수업 목표

「야, 춘기야」는 아이들이 경험할 만한 일상적인 이야기들이 가득 담겨 있다. 사춘기를 경험하고 있는 주인공의 모습을 통해 자신 그림을 멋지게 그리면 된다. 사춘기를 인정하고 잘 만날 것, 그리고 함께 할 부모님과 친구와의 관계를 엮어 나갈 지혜를 얻을 것, 이것이 수업의 목표이다.

수업 계획

수업 흐름	내용	준비물
수업 열기	① 작품 읽으며 사실 확인하기	활동지
수업 펼치기	③ 비경쟁토론하기	포스트잇
	③ 욕구 추측하기	
수업 다지기	④ 나의 이야기 쓰기	활동지

수업 속으로

① 작품 읽으며 사실 확인하기

작품을 읽으며 사실을 확인하는 문제를 풀었다. 이러한 장치는 책을 꼼꼼히 읽을 수 있게 하고, 느슨해질 수 있는 읽기 속도를 유지할 수 있다. 질문은 책에서 찾을 수 있는 내용으로 만들어야 아이들이 찾는 재미에 빠져 끝까지 집중할 수 있다.

순	문제	O, X
1	엄마가 춘기를 깨운 때는 아침이었다.	
2	'나'의 진짜 이름은 춘기다.	
3	춘기는 엄마에게 라면을 끓여달라고 했다.	
4	엄마는 영어 학원에서 아이들을 가르친다.	
5	'나'는 어릴 때 할머니 댁에서 살았던 적이 있다.	
6	윤선이는 연호를 좋아한다.	
7	'나'와 윤선이는 함께 머리 염색을 했다.	
8	머리 염색을 한 뒤로 '나'는 엄마와 사이가 좋아졌다.	
9	할머니는 예린이가 머리 염색을 한 것을 보고 등을 세게 후려쳤다.	
10	할머니는 택시를 타고 우리 집까지 혼자 오셨다.	
11	할머니는 엄마랑 함께 안방에서 주무셨다.	
12	엄마가 가장 먼저 잠들었다.	
13	할머니의 이야기를 듣고 엄마에게도 나와 같은 시절이 있었다는 것을 알았다.	
14	나와 엄마는 껌을 씹으며 인라인스케이트장에서 놀았다.	

② 깊이 읽기를 위한 질문 품기, ORID질문법

ORID질문법은 4단계로 나누어 각 단계에 집중하는 질문법이다. 주어진 문제에 답을 하는 형식이 아니라 아이들이 질문을 만드는 것이다. 질문하는 과정에서 상상력과 사고력이 향상되고 작품에 대해 폭넓게 이해할 수 있는 방법이다.

Objective는 책을 읽으며 사실과 정보를 확인하는 단계이다. 책 속에 있는 사실만으로 질문을 만든다. 즉 줄거리를 인식하는 질문을 만들면 된다.

Reflective는 책과 독자 두 가지 관점에서 질문을 할 수 있다. 하나는 독자의 관점에서 책을 읽고 난 느낌이나 떠오르는 기억을 묻는 질문이고 또 하나는 작품 속 인물이 느꼈을 감정을 추측하는 질문이다. '느낌은?, 어떤 생각이 들었나?, 기분이 어떨까?, 경험이 있는가?, 떠오른 기억이 있는가?'와 같은 질문의 형식을 알려주면 아이들이 쉽게 질문을 만들 수 있다.

Interpretive는 작품의 의미와 의도를 파악하는 질문이다. '왜 이런 일이 일어났을까?, 의미는 무엇인가?, 가치는 무엇인가?'와 같은 질문의 형식으로 만들면 된다.

Decisional은 의사 결정이나 행동을 유도하는 질문이다. '내가 실천할 수 있는 것은 무엇인가?, 어떻게 결정할 것인가?, 내가 만약 ~라면?, 어떻게 살아갈 것인가?'와 같은 질문으로 만들어 보라고 하면 도움이 된다.

○단계 질문은 내가 미리 만들어서 ① 작품 읽으며 사실 확인하기 할 때 제시했다. 아이들에게는 R, I, D단계에 맞는 문제를 만들게 했다. 단계마다 색깔이 다른 포스트잇 활용했는데 각자 2개씩 만들었더니 8개의 질문이 만들어졌다. 8개의 질문을 모두 같이 살펴보고 중복 되는 것은 빼면 된다.

ORID질문 만드는 방법(4명의 아이들과 할 때)
각 단계별 포스트잇 2장씩 나누어 준다.
1장에 1개의 질문만 만들어서 적는다.
명의 아이들이 2개씩 만들었으니 8개의 질문이 생긴다.
모두 볼 수 있도록 질문을 모으고 중복되는 것은 뺀다.

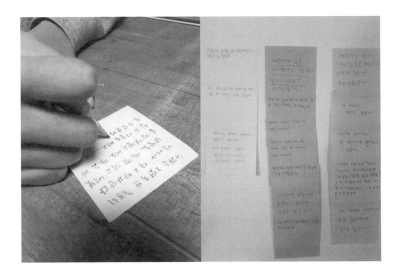

③ 비경쟁토론하기

모든 질문을 가지고 비경쟁토론으로 이어간다. 비경쟁토론이
란 찬반 입장으로 나누어 양측의 주장을 펼치며 경쟁하는 것이
아니라 서로의 생각을 보태어 협력하는 대화식 토론이다. 이때
마음껏 말할 수 있도록 허용하는 것은 매우 중요하다. 아이들이
적극적으로 참여해야 비경쟁토론이 잘 되기 때문이다.

나는 ○단계는 답이 이미 있으니 R단계부터 시작했다. 8장의
포스트잇을 모두 볼 수 있도록 두고 질문을 만든 사람이 읽는다.
나머지 아이들은 질문에 대한 생각을 말하는 것으로 답을 찾아간
다. 충분히 나누었으면 다음 질문으로 넘어간다. 마찬가지로 질문
을 만든 사람이 읽고 나면 아이들은 서로의 생각을 나눈다. 모든
아이들이 질문자가 되기도 하고 자신의 생각을 말하는 입장에 놓

이게 되므로 골고루 돌아가며 공평한 대화가 가능하다. 한 사람만 발언을 주도하지 않는다는 점이 마음에 든다. R단계를 다 끝냈으면 I단계, D단계로 넘어가면 된다.

처음에는 말하는 것이 서툴고 어려울 수 있다. 당연하다. 그래서 '나도 그렇게 생각해. 그거 괜찮은 생각이네.'라는 말도 의견 대신에 사용할 수 있다고 알려준다. 친구의 말에 동의하면서 동시에 답을 말하기 어려울 때 찬스로 사용할 수 있는 장치다. 단 발문 하나에 한 번만 이 말을 할 수 있다고 하면 서로 이야기하려고 해서 재미있고 속도감 있게 토론을 이끌어 갈 수 있다.

비경쟁토론 하는 방법(4명의 아이들과 할 때)

질문할 순서를 정한다.

자신이 만든 질문지를 친구들에게 읽어준다.

나머지 아이들은 자유롭게 자신의 의견을 말한다.

'나도 그렇게 생각해.' '그거 괜찮은 생각이네.'라는 말을 의견 대신에 사용할 수 있다.

(질문 하나에 한 번만 말하기)

모두 돌아가며 이야기를 마치면 다음 질문으로 넘어간다.

아이들이 만든 Reflective와 관련된 질문

할머니에게 엄마의 어린 시절 이야기를 들었을 때 예린이의 마음은 어땠을까?

예린이는 윤선이랑 염색할 때 기분이 어땠을까?

엄마가 예린이에게 혼자 있으면서 공부하라고 할 때 예린이의 기분은 어땠을까?

예린이가 혼자 피자를 먹을 때 어떤 기분이었을까?

예린이가 집을 나가겠다고 할 때 엄마의 마음은 어땠을까?

나한테도 사춘기의 특징이 나타나는 모습이 있을까?

나도 예린이처럼 외롭다고 느낀 적이 있는가?

예린이가 엄마한테 혼나는 것을 보고 떠오른 것이 있을까?

아이들이 만든 Interpretive와 관련된 질문

예린이는 엄마에게 왜 김치찌개를 끓여달라고 했을까?

왜 예린이는 염색을 했을까?

'사과는 오랫동안 충분히 익어야 달고 맛있단다. 햇빛도 맘껏 쬐고 별빛도 맘껏 받고 비도 맞고 바람도 받고 이슬도 먹고……'의 의미는 무엇일까?

왜 엄마는 예린이의 등을 후려치며 화를 냈을까?

예린이와 엄마는 왜 갈등을 겪었을까? 서로가 원한 건 무엇이었을까?

아이들이 만든 Decisional과 관련된 질문

내가 하고 싶은 것과 해야 할 일이 있을 때 어떻게 실천할 것인가?

예린이와 엄마가 화해하는 장면으로 이야기가 끝이 난다. 나는 부모님과 갈등을 겪었을 때 어떻게 해결하려고 하는가?

사춘기를 어떻게 받아들이고 행동할 것인가?

④ 나의 이야기 쓰기

각 단계에서 순서대로 잘 대답할 수 있는 질문을 1-2가지 선택해서 쓰는 것으로 수업을 마무리했다. 책을 읽은 소감이 고스란히 글에 녹아난다. '좋았다.''재미있었다.' 등의 감상 위주의 글에서 구체적이고 살아있는 글이 나온다. 마지막 부분에서는 자기를 돌아보며 어떻게 살 것인지를 고민하며 천천히 써나간다.

이 수업이 아이들에게 어떤 의미가 있으며 무엇을 배웠을까. 작품 속에서 자신의 모습을 볼 수 있었을까. 나의 삶만 힘들고 어려운 것이 아니라 누구에게나 있는 것이라는 것을 알 때 좀 편안해지지 않을까. 아이들이 성숙해지는 과정인 사춘기를 너무 힘들어하지 않으면서 잘 통과해 내기를 바란다. 예린이처럼.

우리 동네가 아름다운 진짜 이유
『오늘, 작은 발견』

『오늘, 작은 발견』 공혜진 글, 글담, 2016

세상에서 가장 작은 미식가

거위벌레

주워갈 벌레 먹은 잎이 있을까 참나무 잎을 들여다보다 한참

식사 중인 거위벌레와 마주쳤다.

잎을 먹고 있는 모습을 보고 있자니 거위벌레는 어쩜 미식가

일지도 모르겠다는 생각이 들었다. 작은 나뭇잎 한 장 안에서

도 좀 더 입맛에 맞는 것을 찾으려고 이리저리 옮겨 다닌 것
일지도 모른다.

그렇다면 그간 모으던 벌레 먹은 나뭇잎들은 미식가 곤충들
의 흔적이었는지도 모르겠다.

공혜진, 『오늘, 작은 발견』 중에서

'세상을 바꾸는 시간 15분'이라는 강연에서 카피라이터 정철이
끊임없는 관찰을 통해 '발견'하는 것의 중요함을 말한 적이 있다.
사소한 것 하나도 치열하게 관찰하면 그것이 가진 새로움을 발견
하게 된다는 것이다. 예로, 숫자 9를 관찰하면서 '9의 모양이 쉼
표와 비슷하다'는 점을 발견했다. 그리고 이런 글을 썼다.

쉼표는 숫자 9를 닮았다. 1에서 9까지 열심히 달려왔다면 10
으로 넘어가기 전 잠시 쉬어가라는 뜻이다. 9에서도 쉬어 주
지 않고 10, 11로 허겁지겁 달려가는 사람은 12는 구경도 못
하고 지쳐 주저앉고 만다. 쉼표에 인색하지 마라. 쉼표를 찍
을 줄 아는 사람만이 마침표까지 찍을 수 있다.

강연에서 이 글을 소개했을 때 나도, 청중도 깊이 공감했던 기
억이 난다. 이후로 나도 '관찰'과 '발견'에 대한 소중함을 알게 됐
다. 그러고 보면 정말 무엇 하나 소중하지 않은 것이 없다. 허투루

존재하는 것은 아무것도 없다.

『오늘, 작은 발견』도 '관찰'과 '발견'을 중요하게 다룬 책이다. 자신이 사는 집 주변, 놀이터, 길에서 눈에 잘 보이지 않는 작은 사물들을 관찰하고 발견해서 일상을 기록한다. 사진을 찍고 글로 기록하는 순간 보잘 것 없었던 것들이 빛나는 보물이 된다.

그렇다면 우리도 해볼까? 책을 읽고 나니, 마음에 찌르르한 신호가 온다. 호기심과 열정으로 가득한 신호. 그 신호를 따라가 본다.

우리는 우리 동네의 아름다운 장면을 발견하고 사진과 글로 기록했다. 신기하게도 눈이 커지고 시야가 확대된다. 나무 하나 이파리 하나 모두 소중하다. 처음에는 이것저것 발견하는 재미로 시작했는데 사진과 글로 기록하면서 그것들을 섬세하게 바라보게 되었다. 아무렇게나 존재하는 것은 정말 아무것도 없다.

수업 목표

이번 수업에서는 세 가지 의미를 발견할 수 있다. 첫 번째로 사소하게 보였던 것들이 나에게로 와서 꽃이 된다. 우리가 사는 곳을 관찰하고 의미를 발견하는 과정에서 관찰력, 표현력, 소속감을 기를 수 있고 무엇보다 자연의 아름다움과 소중함을 깨닫는다. 두 번째는 우리 동네가 아름다운 진짜 이유를 발견하며 기록하는 것은 생명력 있는 배움이다. 책 속에서 보고 들은 이야기가 내 삶에서 살아 움직이며 구체적으로 실현되는 경험을 할 수 있다. 마지막으로 나의 지식과 정보를 확대할 뿐만 아니라 나를 둘러싼 세계와 연결하는 것에 의미가 있다. 그 과정에서 공동체로서 함께하는 즐거움도 맛볼 수 있다. 애정을 갖고 관찰하고 발견한 것들이 나의 보람이자 존재하는 모든 것에 대한 예찬이다. 이렇게 세 가지 의미를 발견하는 것이 오늘 수업의 목표이다.

수업 계획

수업 흐름	내용	준비물
수업 열기	① 책 살펴보며 발췌독 하기	
수업 펼치기	② 마음에 드는 글 필사하기	활동지
	③ 브레인 라이팅(Brain Writing)	포스트잇
	④ 포토 에세이 쓰기	
수업 다지기	⑤ 아름다운 우리 동네 알리기	SNS에 홍보하기

수업 속으로

① 책 살펴보며 발췌독 하기

이 책은 처음부터 순서대로 읽어야 하는 책은 아니다. 외출 후 주머니를 탈탈 털어 주워온 것에 대한 이야기, 길 위에서 주운 볼펜 심 이야기, 토끼풀, 돌, 머리끈, 꽃 외에도 다양한 소재를 발견하고 기록했다. 페이지를 넘기며 마음에 드는 이야기를 찾아본다. 친구들과 수다를 떨며 읽어도 좋다. 우리가 배울 내용과 관련해서 멋진 이야기가 담뿍 들어 있으니 이 또한 소중한 발견이다.

② 마음에 드는 글 필사하기

작가의 관점과 생각을 발견했다면 이제 글을 어떻게 써 나갔는지, 문체는 어떤지 살펴본다. 마음에 드는 글 한 편을 선택해서 필사하기로 했다. 읽기 쉽고 글의 분량이 짧아 필사하는 데 어렵지 않다. 필사하는 동안 자연스럽게 작가의 글에 몰입하여 글을 더 꼼꼼히 읽게 된다. 또한 수업 마지막 과정인 글쓰기 활동에 이 필사 경험이 도움이 될 것이다.

③ 브레인 라이팅(Brain Writing)

우리 동네의 아름다운 공간이나 장소를 자유롭게 떠올리고 적어본다. 브레인 라이팅은 아이디어를 시각화할 수 있고 탐색의 과정에서 협력과 공유를 경험할 수 있다. 포스트잇에 생각나는 대로 적절한 장소를 적어서 제출한다. 포스트잇에 적힌 장소들을 둘러보며 마음에 드는 아이디어를 선택할 수 있기 때문에 아이들이 쉽게 다음 활동에 참여할 수 있다.

④ 포토에세이 쓰기

포토에세이란 사진과 함께 쓴 글로, 일정한 형식이 있는 것은 아니다. 그래서 자유롭게 쓸 수 있고 부담도 적다. 주로 체험한 것이나 느낌을 쓰면 된다. 사진 찍을 장소를 찾고, 직접 카메라로 사진을 찍는 경험은 나를 둘러싼 세계에 대해 세밀하게 관찰하는 기회가 된다. 또한 사진을 보며 글을 쓰는 활동을 통해 아름다움을 표현하고 새로운 의미를 발견할 수 있다.

아이들이 사진을 찍으면 그것을 인쇄해서 돌려준다. 사진을 원하는 크기, 모양으로 오리고 종이에 붙인 후 자유롭게 글을 쓰면 된다. 요즘에는 사진 출력을 쉽게 할 수 있는 포토프린터가 있고 스마트폰 앱을 활용해서 포토에세이를 쓸 수도 있다. 아이들도 사용할 수 있는 앱이 개발되어 있어서 활용하기에 좋다. 대부분의 앱은 스마트폰 카메라로 사진을 찍고 사진을 앱에 업로드한 후 글을 쓰도록 되어 있다. 하루북 이라는 앱도 그중 하나인데 언제 어디서나 자신의 글을 쓰고 저장할 수 있는 기능이 있고, 다양한 템플릿을 지원해서 편집도 쉽게 할 수 있다.

아름다운 장면을 만난 순간 보고 듣고 느끼고 알게 된 것을 솔직히 쓰면 된다고 했다. 모든 것은 살아있으니 그것에 말을 걸어보고, 무슨 말을 할지 들어보라고. 그러면 누구도 보지 못한 것을 발견할 거라고 말해줬다.

가을 옷을 입은 하늘과 바람과 빛 맑고 고운 바람에 기대어 두계천을 따라 달렸다	모든 것이 느리게 흘러간다. 이곳에선. 구름도, 호수도, 나무도, 흐릿한 산등성이 도. 나의 발걸음도 한결 가벼워지고 여 유롭다

⑤ 아름다운 우리 동네 알리기

수업 목표에서 나를 둘러싼 세계와 연결하며 공동체로서 함께하는 즐거움도 맛볼 수 있기를 기대했다. 그래서 SNS에 우리가 쓴 포토에세이를 올려 아름다운 우리 동네를 알리기로 했다. 블로그나 인스타그램에 포토에세이로 올라온 글이 많다는 것도 SNS를 선택한 이유다. 우리가 만든 결과물을 온라인에 공개한다고 하니 아이들이 더 정성스럽게 글을 쓴다.

어! 이건 예상하지 않았는데!

더불어 사는 세상을 꿈꾸다
『지구를 살리는 기발한 물건 10』

『지구를 살리는 기발한 물건 10』 박경화 글, 한겨레출판, 2019

우리나라에서 적정기술을 만날 수 있는 곳

마을기술센터 핸즈 handz.or.kr

비전화공방 서울 noplug.kr

대안기술센터 atcenter.or.kr

전환기술사회적협동조합 kcot.kr

적정기술센터 cafe.naver.com/selfmadecenter

적정기술미래포럼 approtech.or.kr

대안에너지 기술연구소 altenergylab.co.kr

부대 생활기술 네트워크 cafe.naver.com/earthbaghouse

박경화, 『지구를 살리는 기발한 물건 10』 중에서

—————◆—————

세상을 치유하는 나눔 디자인

어떤 단어가 가장 눈에 들어오는가? 나에게는 '세상, 치유, 나눔, 디자인'이라는 단어가 선명하게 다가온다. 카이스트 산업디자인학과 배상민 교수가 이 주제로 강연을 했을 때 나는 그의 강의에 푹 빠졌다. 그가 만든 제품에 담긴 이타적인 가치관을 알게 되었을 때 내 시야가 얼마나 좁았는지 반성도 했다. 그가 말한 '더불어 함께 실천하자'는 권유는 마음속에 꽤 오랫동안 남았다.

"세상에 나눌 게 없을 만큼 가난한 사람은 없습니다. 돈이 있으시면 돈을 나누시고, 돈이 없으시면 재능을 나누십시오. 재능도 없고 돈도 없으신 분들은 시간을 나누시면 되고, 이 모든 게 다 없으신 분들은 가장 중요한 마음을 나누십시오."

아이들도 적정기술에 대해 알고 있다. 그림책 중에 적정기술을 소개한 책이 있고, 초등학교 교육과정에서도 경험했을 것이다. 또 중학교 국어 교과서에도 '이타적 디자인으로 사람을 살리다'라는 글이 실려 있다. 모두 보다 편리하고 윤택한 삶을 만드는 데 도움이 되는 기술, 적정기술을 다룬 글이다.

'적정기술로 만든 것으로 어떤 것이 있고, 그것이 사람들에게 도움이 되겠구나.'라는 정도의 배경지식을 갖추었다면 이제 '나눔과 치유'라는 단어에 오래 머물고 싶다. 그리고 적정기술은 연구자나 과학자가 만드는 것이 아니라 누구나 할 수 있는 것이라고 말하고 싶다. 강연자의 말처럼 그 무엇보다 중요한 것이 '나누려는 마음'이라면 가능하지 않을까.

『지구를 살리는 기발한 물건 10』은 우리가 사용하는 물건 중 지구를 살리는 기발한 물건 10가지를 소개한다. 스테인리스강, 금속 젓가락, 종이, 재사용 가게, 공원, 야생동물, 자전거, 적정기술, 태양전지, 패시브하우스로 주제를 정하고 각각의 역사와 친환경적인 이유를 밝히고 있다. 이들이 어떻게 지구를 살리는 기발한 물건인지 읽고, 이 가운데 적정기술로 만들어진 물건이 만들어지게 된 배경과 목적을 알아보려고 한다. 나아가 나눔의 마음을 담아 우리도 디자인해보면 어떨까? 더불어 함께 사는 것에 관심을 갖고 실천하는 마음, 그 꿈을 품고 성장하기를 기대한다.

수업 목표

배움 중심 교육과정이라는 말이 있다. '배움'이 중심이 되도록 계획하고 운영하는 교육과정을 일컫는 말이다. 가르치는 것보다 배우는 것에 더 무게를 실어 아이들이 무엇을 느끼고 알고 배웠는지를 중요하게 다룬다. 그래서 책 속의 이야기가 우리 안에 머물렀다 지워지는 한계에서 벗어나 살아 움직일 수 있도록 가르친다. 함께 배우고 함께 성장하는 것이다.

우리도 배움 중심 수업 한번 해보자!

먼저 책을 읽고 이타적 디자인으로 만들어낸 물건을 더 알아본다. 책에서 소개한 것 이외에도 더 많은 물건들이 있는지 찾아보고 이것이 만들어진 이유도 찾아본다. 그리고 마지막으로 적정기술을 담은 제품을 디자인할 것이다. 이 과정을 통해 직접 찾고 배우는 자기 주도 학습이 일어나기를 바란다. 더불어 세계에 대해 더 관심을 갖고 무엇에 기여할 수 있을지 고민하는 시간이 되기를 바란다.

수업 계획

수업 흐름	내용	준비물
수업 열기	① 마음에 드는 주제 선택해서 읽고, 3분 발표하기	활동지
수업 펼치기	② 적정기술이란	
	③ 적정기술로 만든 물건 더 찾아보기	
수업 다지기	④ 우리가 만드는 나눔 디자인	활동지

수업 속으로

① 마음에 드는 주제 선택해서 읽고, 3분 발표하기

이 책은 10개의 주제를 통해 지구 환경을 이야기한다. 목차가 잘 정리되어 있어서 한눈에 쏙 들어온다. 먼저 10개의 주제를 보고 마음에 드는 것을 선택해서 읽는다. 가능한 한 중복되지 않게 선택하면 좋다.

다 읽고 나면 자신이 읽은 부분을 정리해서 발표한다. 내가 선택한 주제를 말하고, 소주제에 따라 요약한 내용을 발표한다. 주제별 5개 정도의 소주제가 있기 때문에 소주제에 맞춰서 중심 내용을 찾으면 된다고 알려준다. 그리고 '지구일보'에 대한 나의 생각을 덧붙인다. 이야기 마지막 부분에 포함된 '지구일보'는 주제에 맞게 토론 거리를 제시한 부분인데 자신의 생각을 말하기에 좋은 자료다. 끝으로 새롭게 알게 된 점이나 느낀 점을 정리해서 말하기로 했다.

이렇게 발표할 내용을 준비하면 방대한 지식과 정보를 체계적으로 정리할 수 있다. 또 서로 다른 주제를 발표하기 때문에 책을 다 읽지 않아도 내용을 공유한다는 장점이 있다.

② 적정기술이란

『교과서에 나오지 않는 발칙한 생각들』에 실린 「창의적 디자인으로 사람을 살리다」라는 글을 연계해서 같이 읽었다. 이 글에는 적정기술로 만들어진 큐 드럼, 라이프 스트로우 등이 자세히 소개되어 있고, 이들이 만들어진 목적과 이유를 찾아볼 수 있어 도움이 된다. 한 명씩 돌아가며 소리 내어 읽으면 좋겠다. 한 문단

정도씩 나누어 천천히 읽어보자.

③ 적정기술로 만든 물건 더 찾아보기

책에서 소개한 것 외에 궁금한 것을 탐색하는 활동이다. 책을 읽다가 잘 모르는 것이나 더 알고 싶은 것을 적극적으로 찾아보는 것이 자기주도 학습 아닐까.

인터넷으로 적정기술 검색을 하면 다양한 물건을 찾을 수 있다. 검색한 자료에서 도움이 될 만한 것을 골라 간단히 기록한다. 그리고 다 같이 모여 자신이 찾은 물건을 소개한다. 적정기술이 어떻게, 누구를 위해 적용됐는지 확인하면서 누구에게 도움을 줄까 고민해보자.

④ 우리가 만드는 나눔 디자인

우리의 아이디어가 반짝반짝 빛날 차례다. 이 활동은 실제로 물건을 만들기보다 아이디어를 내는 과정이다. 물론 만들면 더 좋겠지만 만들어야 한다는 것 때문에 상상을 가로막고 싶지 않다. 어떤 것이든 상상해 보자. 함께 힘을 모으고, 누군가를 위한 마음을 키우고, 관심을 갖자. 적정기술이 그렇게 싹 튼 것이라고 하지 않았는가.

제품 이름은 처음부터 지어도 되고 마지막에 붙여도 좋다. 4명이 한 팀이라면 한 사람씩 자기 역할을 맡는다. 만든 이유, 사용설명서, 활용 방안 및 기대하는 것, 디자인을 하나씩 맡아 내용을 작성하면 모두가 참여할 수 있다.

제품 이름	워터 슈트
만든 이유	워터슈트는 쓰나미나 홍수가 일어나는 지역에 사는 사람들을 돕기 위해 만들었다. 평소에는 티셔츠로 사용하다가 위급한 상황이 되면 구명조끼의 역할을 하는데 이 옷으로 물에 빠진 사람을 돕고 싶다.
워터슈트 설명서	워터슈트는 평범한 티셔츠로 되어 있어 편하고 가볍게 디자인되어 있다. 위급 상황에 처했을 때, 옷 끝부분에 있는 단추를 누르면 수영복처럼 옷이 달라붙으면서 동시에 부풀어 오른다.
활용 방안 및 기대하는 것	물에 빠져 목숨을 잃는다거나 재해로 고생하는 사람들을 돕기 위해 이 옷이 사용되길 바란다.
디자인	

부록

1. 독서 모임에서 사용한 활동지

청소년 독서 모임 마음산책 블로그(https://blog.naver.com/vinu28)
에서 독서 모임에 수록된 활동지를 다운받아 활용할 수 있다.

무엇보다 나 『행복한 여우』
여우가 들려주는 이야기

출처: 구글, 행복한 여우 이미지 검색

다시, 가드를 올리며 『가드를 올리고』

우리는 산에서 길을 잃고 방황하는 장면과 권투 선수가 지치고 쓰러지는 장면을 떠올리면서 책을 읽고 나누었습니다. 권투의 치열한 싸움을 통해 삶이란 때로 넘어질 수도, 실패할 수도 있다는 것을 알게 되었지요. 이제 나의 삶을 떠올리고 다음 물음을 생각하며 구체적으로 써보세요.

내가 주인공이라면 어떻게 했을까?
내가 힘들었던 순간은 언제인가?
나는 어떻게 살아갈 것인가?

함께, 더 높이『독수리와 굴뚝새』

1. 나도 이런 적 있다!

나도 굴뚝새였던 적이 있다.

언제였냐면,

그때 내 기분은,

왜냐하면,

나도 독수리였던 적이 있다.

언제였냐면,

그때 내 기분은,

_____

왜냐하면,

_____

2. 나의 고마운 독수리에게 편지쓰기
나의 고마운 독수리, _____

_____

_____

_____

_____

_____

_____

_____

내가 행복한 이유, 감사 「난 내가 마음에 들어」

1. 내 이야기로 바꿔 쓰기

이런 말 하면 웃을지 모르지만 난 내가 마음에 든다. 다른 사람과 비교해서 잘났다거나 뭘 잘해서가 아니라 그냥 나라는 사람의 소소한 부분이 마음에 든다는 말이다.

우선 나는 내가 한씨라는 게 마음에 든다. 공씨거나 노씨나 변씨면 어쩔 뻔했나. 공비야, 노비야, 변비야보다 한비야가 백번 낫지 않은가. 나씨, 단씨, 왕씨였다면 나비야, 단비야, 왕비야가 되었을텐데, 이 이름도 좋긴 하지만 역시 비야는 한비야가 딱이다. 사실 한씨는 어떤 이름에 붙여도 예쁘고 폼 나는 성이다. 그래서인지 요즘 뜨는 여자 연예인들 중에 한씨가 수두룩하다. 한예슬, 한고은, 한지민, 한지혜, 한효주…….

나는 내게 어떤 선택권도 없이 주어진 성씨, 출생 연도, 집안에서의 출생 서열, 심지어 국적까지도 만족의 차원을 넘어 열광하는 내가 상당히 마음에 든다. 그러나 무엇보다도 인생이 괴롭다고 몸부림치며 살기보다 재미있다고 호들갑 떨며 살기를 선택한 내가, 나는 제일로 마음에 든다.

「난 내가 마음에 들어」 (한비야)

_____

_____

_____

_____

_____

2. 감사일기장 만들기

_____ 의 감사일기

_____

_____

_____

_____

_____

_____

_____

3. 감사일기 쓰기

감사의 대상은 사람일 수도 있고 어떤 사건이나 순간일 수도 있습니다. 예를 들어 내 곁에 있어주는 친구에게 감사할 수도 있고, 잃어버린 지갑을 다시 찾은 일에 감사할 수도 있으며, 누군가

와 함께 하는 순간이 감사하고. 또는 건강하다는 사실에 감사할
수도 있습니다. 감사하게 여기는 것에 대해 구체적으로 적고 그
이유도 같이 써보세요.

감사일기 제목

1. 나의 몸에 대한 감사
2. 내가 가진 것에 대한 감사
3. 나의 일상에 대한 감사
4. 나와 연결된 사람에 대한 감사
5. 그럼에도 불구하고에 대한 감사

날짜: 월   일

제목:

나는 다정한 사람 『청소년 마음 시툰 안녕, 해태 1,2,3』

내가 찾은 시 2편 적기

삶의 온도가 따뜻해지기를 「수」

1. 욕구 추측하기

채연이의 생각이나 느낌이 잘 드러난 구절에서 욕구를 추측해 봅시다. 욕구는 하나만 있는 것이 아니에요. 욕구표를 보면서 어울릴만한 욕구를 다 찾아보면 됩니다.

1. "채연이는 무엇을 원했기 때문에 서울 생활이 불행했고 겨울 이 잔인할 만큼 느리게 지나갔다고 했을까?"

서울 집값이 비싸서 작은 전셋집을 얻는 데도 대출을 많이 받아야 했다. 아빠는 서울에서 수원으로 통근하면서부터 퇴근 시간이 점점 늦어졌다. 좁은 집과 다달이 조여 오는 대출금, 아빠의 늦은 귀가. 이사를 온 뒤 엄마 아빠는 자주 싸움을 했고 채연이는 그때마다 벽에 머리를 들이받으며 울었다. 서울 생활은 우리 가족을 더 불행하게 만들었다. 그해 겨울이 잔인할 만큼 느리게 지나갔다.

2. "채연이는 무엇이 중요했기 때문에 초조하고 잠도 잘 오지 않는다고 했을까?"

잠자는 시간을 더 줄이고, 화장실 가는 시간과 밥 먹는 시

간까지 아껴 가며 공부에 매달렸지만 소용없었다. 시간이 지날수록 점점 초조해지면서 머릿속은 더 멍해졌다. 언제부터인가 문제집을 보면 글자들이 뿌옇게 흐려지다가 눈앞에서 뱅글뱅글 도는 것 같았다. 요즘에는 잠도 잘 오지 않았다. 겨우 잠이 들면 발밑에 있는 땅이 무너지면서 아래로 끝없이 추락하는 꿈을 꾸었다.

3. "채연이는 왜 수가 외롭다고 생각했을까? 그리고 왜 내 이야기를 듣는 듯한 느낌이 들었다고 했을까?"

___

수는 다른 아이들이 달팽이를 보러 다가가면 매섭게 노려보곤 했는데, 내가 달팽이를 돌볼 때는 얌전하게 자리에 앉아있었다. 그리고 어느 순간부터는 내가 달팽이한테 하는 이야기를 듣고 있는 듯한 느낌이 들었다. 내가 콧노래를 흥얼거리자 수의 입가에 미소가 번지는 걸 보았다. 어쩌면 수도 나처럼 이야기를 나눌 사람이 없어서 외로웠을지 모른다. 가끔은 내 이야기를 조용히 들어 주는 수가 고맙게 느껴졌다.

4. "채연이는 자신에게 어울리지 않는 가면을 쓰고 살아왔다는 것을 알게 된다. 무엇을 중요하게 여겼기 때문에 그렇게 했

을까?"

예전에 수는 무서운 가면을 쓰고 있었다. 가면 뒤에 숨어서 자기와 어울리지 않는 역할을 하고 있었던 거다. 나도 나에게 어울리지 않는 가면을 쓰고 살아온 건 아닐까……. 다른 사람들이 나에게 만들어준 가면, 그 모습이 진짜 나라고 착각하며 살았던 건 아닐까…….

2. 삶의 온도를 높이는 발문

1. 채연이는 성적이 우수한 학생들이 다니는 S고 학생입니다. 채연의 엄마는 채연이가 의대에 진학해서 의사가 되길 바라지만 채연이는 그런 부모님의 시선과 기대가 불편하고 힘듭니다. 또한 수는 얼굴에 심한 화상 흉터가 있어 친구들이 무서워하며 멀리하는 것에 상처를 받습니다. 친구들과 어울리고 싶었던 수는 결국 마음의 문을 닫게 됩니다. 여러분도 다른 사람의 시선이 불편했던 적이 있었나요?

2. 중학생이 된 지금, 여러분의 고민은 무엇인가요? 욕구와
   감정으로 표현해주세요.

3. 채연이는 수에게서 자작나무에 대한 이야기를 듣고 자작
   나무 숲에 가고 싶다고 말합니다. 채연이는 왜 그 숲에 가
   고 싶다고 했을까요?

① "자작나무는 단단하고 튼튼해. 추운 지역에서 자라 단단해
진 것 같아. 추위와 싸우느라 말이야. 봐, 나뭇결이 그대로 살
아있지? 나무가 숨을 쉴 수 있도록 천연 염색제를 발랐어. 한
번 만져 봐."
    나는 수가 시키는 대로 책상에 손을 대 보았다. 눈을 감고
손끝으로 나무가 숨 쉬는 걸 느껴 보았다. 수가 왜 따뜻한 숨
결이라고 표현했는지 알 것 같았다.

② "학교에 돌아가는 게 두렵지 않아?"

　"두려워. 하지만 시작이 거기라면 다시 부딪쳐 보려고."

　수의 말을 듣는 순간 내가 다시 시작해야 하는 곳은 어딘지 궁금해졌다.

"나 자작나무 숲에 가고 싶어."

"갑자기 자작나무 숲에는 왜?"

수가 물었다.

"한 번도 본 적이 없거든. 내 눈으로 직접 보고 싶어."

"그래, 같이 가자."

　수가 나를 보며 환하게 웃었다. 순간, 눈앞으로 하얀 자작나무 숲이 펼쳐지는 것 같았다. 차가운 바람과 싸우며 넓은 벌판에 곧게 뻗어 있는 자작나무.

　어느덧 나는 수와 함께 자작나무 숲을 거닐고 있었다.

4. 여러분도 고민이 있거나 힘들 때 마음이 편안해지는 나만
의 방법이 있다면 소개해 주세요.

_____

_____

_____

_____

_____

사춘기를 응원해「야, 춘기야」

1. 작품 읽으며 사실 확인하기

순	문제	O, X
1	엄마가 춘기를 깨운 때는 아침이었다.	
2	'나'의 진짜 이름은 춘기다.	
3	춘기는 엄마에게 라면을 끓여달라고 했다.	
4	엄마는 영어 학원에서 아이들을 가르친다.	
5	'나'는 어릴 때 할머니 댁에서 살았던 적이 있다.	
6	윤선이는 연호를 좋아한다.	
7	'나'와 윤선이는 함께 머리 염색을 했다.	
8	머리 염색을 한 뒤로 '나'는 엄마와 사이가 좋아졌다.	
9	할머니는 예린이가 머리 염색을 한 것을 보고 등을 세게 후려쳤다.	
10	할머니는 택시를 타고 우리 집까지 혼자 오셨다.	
11	할머니는 엄마랑 함께 안방에서 주무셨다.	
12	엄마가 가장 먼저 잠들었다.	
13	할머니의 이야기를 듣고 엄마에게도 나와 같은 시절이 있었다는 것을 알았다.	
14	나와 엄마는 껌을 씹으며 인라인스케이트장에서 놀았다.	

2. 나의 이야기 쓰기

이 작품은 우리가 경험할 만한 일상적인 이야기들이 가득 담겨 있습니다. 사춘기를 경험하고 있는 예린이의 모습을 통해 여러분의 모습을 발견하고 이해할 수 있기를 바랍니다. 사춘기가 다채로운 색깔을 가진 물감이라면 이제부터는 내 삶의 그림을 멋지게 그리면 된답니다.

질문을 만들고 비경쟁 토론한 내용을 바탕으로 잘 대답할 수 있는 질문을 각 단계에서 한두 가지 선택하세요. 그리고 글이 매끄럽게 이어지도록 쓰세요.

우리 동네가 아름다운 진짜 이유『오늘, 작은 발견』

마음에 드는 글 필사하기

작가가 무엇을 관찰하고 발견했는지 살펴보세요. 그리고 마음에 드는 글 한 편을 선택해서 필사합니다.

출처: 구글 이미지 검색

더불어 사는 세상을 꿈꾸다 『지구를 살리는 기발한 물건 10』

1. 마음에 드는 주제 선택해서 읽고, 3분 발표하기

다음 항목에 맞게 자신이 읽은 주제와 내용을 작성하세요.

내가 선택한 주제	
소주제에 따라 요약하기 (중심 내용을 간단히 설명하면 됨)	
지구일보에 대한 나의 생각	
새롭게 알게 된 점이나 느낀 점	

2. 우리가 만드는 나눔 디자인

우리의 아이디어가 반짝반짝 빛날 차례입니다. 우리가 만들고 싶은 것과 그 이유, 디자인과 제품 설명서까지 상상해서 작성해

보세요.

① 도움이 필요한 사람을 떠올려 보세요.

② 그 사람을 돕기 위해 어떠한 적정기술을 적용하면 되는지 서로 머리를 맞대고 의논하세요.

③ 제품의 이름은 다 같이 지어주세요.

④ 4명이 각자 만든 이유, 설명서, 활용 방안 및 기대하는 것, 디자인 하나씩 맡아 작성합니다.

제품 이름	
만든 이유	
설명서	
활용 방안 및 기대하는 것	
디자인	

2. 독서 모임에 활용할 그림책 베스트 50

내 이름은 자가주 (퀸틴 블레이크)

이게 정말 나일까? (요시타케 신스케)

나는요, (김희경)

내 마음을 누가 알까요? (줄리 크라우리스)

나를 찾아서 (변예슬)

마음 여행 (김유강)

그 녀석, 걱정 (안단테)

내 마음은 (코리나 루켄)

마음먹기 (자현, 차영경)

이까짓 거! (박현주)

어떡하지? (앤서니 브라운)

빨간 매미 (후쿠다 이와오)

용감한 아이린 (윌리엄 스타이그)

돌 씹어 먹는 아이 (송미경)

민들레는 민들레 (김장성, 오현경)

아빠 얼굴

(황K)

엄마의 초상화

(유지연)

아모스 할아버
지가 아픈 날

(필립 C. 스테드, 에
린 E. 스테드)

무릎딱지

(샤를로트 문드리크,
올리비에 탈레크)

내가 함께
있을게

(볼프 에를브루흐)

슈퍼 토끼

(유설화)

슈퍼 거북

(유설화)

아모스와
보리스

(윌리엄 스타이그)

흰둥이

(궈나이원 기획, 저우
젠신)

나는 사실대로
말했을 뿐이야!

(패트리샤 맥키삭, 지
젤 포터)

쿠키 한 입의
행복 수업

(에이미 크루즈 로젠
탈, 제인 다이어)

조랑말과 나

(홍그림)

무슨 일이든 다
때가 있다

(레오 딜런 외)

적당한 거리

(전소영)

누가 내 머리에
똥 쌌어?

(베르너 홀츠바르트)

노를 든 신부
(오소리)

너의 마음은
하늘과 같아
(브론웬 발라드, 로라
칼린)

머나먼 여행
(에런 베커)

최고의 차
(다비드 칼리, 세바스
티앙 무랭)

30번 곰
(지경애, 다림)

미어캣의
스카프
(임경섭)

감기 걸린
물고기
(박정섭)

위를 봐요!
(성진호)

양들의 왕
루이 1세
(올리비에 탈레크)

노란 달이
뜰 거야
(전주영)

수박이
먹고 싶으면
(김장성, 유리)

미스 럼피우스
(바버러 쿠니)

삶
(신시아 라일런트, 브
렌던 웬젤)

작은 발견
(이보나 흐미엘레프
스카)

아침에
창문을 열면
(아라이 료지)

이빨 사냥꾼
(조원희)

씨앗 100개가
어디로 갔을까
(이자벨 미뇨스 마르
틴스)

월든 숲에서의
일 년
(헨리 데이비드 소로,
지오반니 만나)

갈색 아침
(프랑크 파블로프, 레
오니트 시멜코프)

하늘에
(김장성, 우영)

3. 독서 모임에 활용할 확장 읽기 책 베스트 50

세상에서 가장 슬픈 여행자, 난민 (하영식, 김소희)

내 이름은 욤비 (욤비 토나, 박진숙)

세계의 빈곤, 게을러서 가난한 게 아니야 (김현주, 권송이)

열 가지 당부 (하종강 외)

나, 너 우리의 일과 권리 탐구생활 (배성호·이수정, 김소희)

생각이 크는 인문학. 18:노동 (이수정, 이진아)

세계 시민 수업 9:다문화 사회 (윤예림, 김선배)

장애 너는 누구니? (고정욱)

내가 본 것을 당신도 볼 수 있다면 (정우성)

세상을 움직이는 소년 소녀 (이선경, 이한울)

힐더월드 (국제아동돕기연합)

생명 과학 뉴스를 말씀드립니다 (이고은)

오늘부터 나는 세계 시민입니다 (공윤희, 윤예림)

소비와 환경에 대하여 (류대성 외)

공부는 정의로 나아가는 문이다 (인디고 서원)

선량한
차별주의자
(김지혜)

리타의 정원
(안리타)

청소년을 위한
비폭력대화
(김미경)

꿈 지금 꼭 정해
야 하나요?
(김국태 외)

환경과 생태 쫌
아는 10대
(최원형, 풀빛)

비정규씨
출근하세요?
(더 나은 세상을 꿈꾸
는 어린이책 작가 모임)

저 청소일
하는데요?
(김예지)

청소년을 위한
나는 말랄라
(말랄라 유사프자이,
퍼트리샤 매코믹)

진짜 나를 만나
는 혼란상자
(따돌림사회연구모임
교실심리팀)

나는 나를
돌봅니다
(박진영)

나와 개의 시간
(카예 블레그바드)

빨강머리 앤이
하는 말
(백영옥)

페인트
(이희영)

두려움에게
인사하는 법
(김이윤)

세계를 건너
너에게 갈게
(이꽃님)

체리새우
: 비밀글입니다
(황영미)

옥수수 뺑소니
(박상기, 정원)

순례주택
(유은실)

유원
(백온유)

알로하
나의 엄마들
(이금이)

산책을 듣는
시간 (정은)

사랑과 우정에
대하여
(류대성 외)

열흘 간의
낯선 바람
(김선영)

마음의 일
(재수, 오은)

쫄깃하고 맛있
는 시라면
(구본희, 엄아람)

관계의 온도
(김리리 외)

내일의 무게
(김학찬 외)

콤플렉스의 밀
도 (고재현 외)

존재의 아우성
(김민령 외)

중독의 농도
(김민령 외)

변신
(프란츠 카프카)

나의
라임오렌지나무
(J. M. 바스콘셀로스)

갈매기에게
나는 법을 가르
쳐준 고양이
(루이스 세뿔베다)

청소년 마음
시툰
(싱고)

긴긴밤
(루리)

사춘기 독서 교실

책과 멀어진 아이들과 함께 하는 즐거운 독서 모임

초판 1쇄 인쇄 2022년 4월 21일
초판 1쇄 발행 2022년 5월 5일

지은이 심경화
펴낸이 이기동
편집주간 권기숙
편집기획 이민영 임미숙
마케팅 유민호 이정호
주소 서울특별시 성동구 아차산로 7길 15-1 효정빌딩 4층
이메일 previewbooks@naver.com
블로그 http://blog.naver.com/previewbooks

전화 02) 3409 - 4210
팩스 02) 463 - 8554
등록번호 제206 - 93 - 29887호

교열 임성옥
편집디자인 디자인86
인쇄 상지사 P&B

ISBN 978 - 89 - 97201 - 63 - 1 13370